JN088319

東大生の本棚

「読解力」と「思考力」を鍛える本の読み方・選び方

西岡壱誠

nbb
日経ビジネス人文庫

はじめに

東大生の読書は、やっぱり特殊

「東大生の読書習慣って、やっぱり特殊だ！」

そう気がついたのは、元偏差値35の僕が東大に合格し、東大の書評誌『ひろば』の編集長として活動し始めてからです。

ある日、一緒に本の書評を書く読書家の東大生5人程度に、「みんなどうやって本を読んでいるの？」と聞いてみました。そこで出てきた回答が、どれも特殊でおもしろかったのです。

たとえば……

「5回くらい読み直すのはザラだよね」

「やっぱり感想か書評を書かないと読んだ気にならないよね」

「同時並行で何冊か読むかな」

などなど、どの東大生の読書習慣もとてもユニーク。

そのうえ、すごく納得感がある読書でした。はじめは「なんでそんな読み方を？」と感じた習慣も、よく聞くと「たしかにそれはいいな」と思わされるような部分が多かったのです。そして、「僕も、昔はそんな読み方してなかったけど、今はそういう読み方しているな」と感じるような読書法が非常に多くありました。

僕は元々偏差値が35しかなくて、どんなに勉強しても成績が上がらないと嘆いていた人間です。**そんな僕が東大に合格できたのは、本の読み方や文章の読解を徹底的に改善させたから。**読んでも自分の知識にならず、成績が上がらないような読書をしていた自分が、**読んだ内容をきちんと自分のものにして自分の頭で考える思考力を鍛える読書**をするようになって、東大に合格することが可能になったのです。そんな、「ダメな読書」から「効果のある読書」に変えた経験がある自分だからこそ、東大生の読書習慣には効果的な読書のためのポイントが多く含まれていることに気がつきました。

「東大生の読書習慣を、つまり『東大生の本棚』を、徹底的に分析して1冊の

本にまとめたら、誰もが自分の頭が良くなる読書ができるようになるんじゃないか？」

そう考えた僕は、東大生の読書習慣の調査を始めました。

読書の効果は、やはり絶大

調査の中でわかったのは、**「東大生の頭の良さは、本の読み方によってつくられている」**ということでした。

「そんなバカな、本を読まない東大生だっているんじゃないのか？」と思う人もいるかもしれませんが、違うんです。本は本でも、教科書の読み方からして全然違うんです。

あまり知られていないことですが、東大は「入学試験では、教科書に書いてある以上の知識は出さないよ」と表明しています。ですので、入試には重箱の隅をつつくような問題は一切出されません。教科書に書いてある内容を、いかに噛み砕いて説明するかを問うなど「教科書をしっかり読み込めば答えられるような問題」が出されています。つまり、**「1冊の教科書から、どれくらい多くのことを学んだか」で東大の合否が決まる**のです。

そのうえ、東大生は読書法の工夫で「思考力」も鍛えています。「自分の頭で考えて、自分の地頭を鍛えるような読書」をしている。ただ受動的に「へーなるほどー」と読むのではなく、能動的に「これってどうしてなんだろう？」「この内容って、あの本で言っていたことと同じかな？」などと、さまざまなことを考えながら読む。しかもそれを、小さい頃から実践しているのです。

本の読み方で、「頭の良さ」が変わる

「東大生は、生まれた時から頭がいい」

「凡人は絶対に東大に入れない」

そう考えている人、多いのではないでしょうか。

でも、ここではっきり否定させていただきます。そんなことはないです。だって元偏差値35でどんなに勉強しても成績が上がらなかった僕でも、本の読み

方を改善することで東大に合格できたのですから。

この本は、**「本の読み方を変えて、人生を変えるための本」**です。**「どうやって本を読めば、頭が良くなるのか？」「どんな読書をすれば、多くの知識を自分のものにできるのか？」**を、東大生１００人への調査結果を元に徹底的に解説しています。

幼少期～大学時代に至るまでの東大生の読書習慣を丸裸にしているので、小さなお子さんを育てる親御さんも、読書の質を向上させたい社会人の方も実践可能。

具体的に**「この本を、こういう方法で読むと効果があります！」**というブックガイドも付けているので、どんな人でも自分の読書を改善し、人生を変えることができるのです。

この本の効果的な読み方

この本は2部構成になっています。

まずPart1では、**東大生がどうやって「読む力」と「考える力」を鍛えてきたのか、どうやって鍛えればいいのか**をご説明します。前半は、東大生が実際に幼少期に実践していた読書を元にご紹介するので、お子さんがいらっしゃる親御さんや根本的に読書を変えたいビジネスパーソンに読んでいただきたい部分です。そして後半では、東大生の現在の読書習慣を丸裸にします。「東大生はどうやって本を読んでいるのか」「どんな読書をして、『読解力』と『思考力』を鍛えているのか」――その中から、僕たちが学べる読書習慣をご紹介します。**「東大生の読書法を取り入れて、自分の読書を改善したい！」**という方にオススメです。

そして、Part2では、Part1を踏まえてブックガイドを掲載しています。幼少期～現在に至るまで**「東大生は何を読んで東大生になったのか？」**

「どんな本をオススメしているのか？」東大生100人への調査で浮き彫りとなった、『東大生の本棚』を徹底解明します。

そして、ただオススメの本を紹介するのではなく、その本の具体的かつ挑戦しやすい読み方の工夫もご紹介しています。

「でも、東大生がオススメする本なんて難しそう……」とお考えの方もいるかもしれませんが、大丈夫です。マンガやライトノベルなどカンタンに読めてしまう本も多数紹介しています。

この本を読む時の、カンタンな工夫

「東大生の読書ってハードルの高いものなのでは……」と不安に思う方もいるかもしれません。そういう方には、東大生が本を読む時に一番大切にしていることをご紹介させてください。

それは、「楽しむこと」です。

東大生は何も、「頭が良くなりたい！」と思って本を読むわけではありません。「この本おもしろそうだな」「この本をもっとおもしろくするために、ここを意識して読んでみよう」と、**楽しみたいから読書をして、楽しみたいから読書に一手間加える**のです。そこからスタートしているからこそ、読書を続けられるのです。

この本でご紹介することに、難しくて大変なことなんて何もありません。**もっと本を楽しむための工夫ばかり**です。本に没入して、「これっておもしろいな」「これを意識すると知的に楽しいな」という体験をするための読み方をご紹介するのが、この本の目的なのです。

だからみなさんも、身構えずに楽しく読んでみましょう。

そして、「こうやって読むのは楽しそう！」という実りがあれば、僕は嬉しいです。

2021年10月
西岡壱誠

Contents

Part 1

東大式「読解力」と「思考力」を鍛える本の読み方・選び方

Part 2

東大生100人が選んだ
「読解力」と「思考力」を鍛えるブックガイド

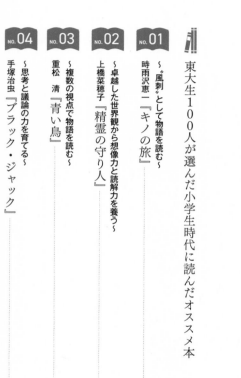

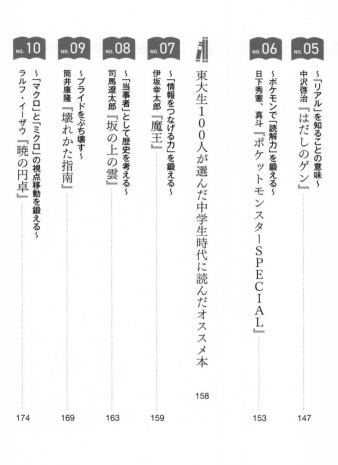

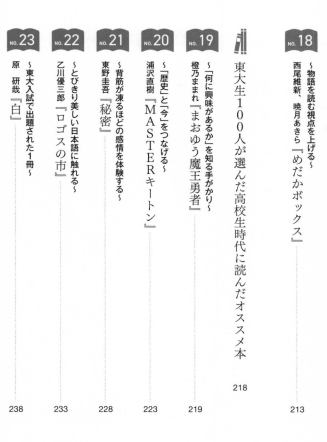

Part 1

東大式

「読解力」と「思考力」を鍛える本の読み方・選び方

Section 01

東大生は、どうやって本と出合ったのか？

本に興味を持つスタートは？

「あなたの、本との出合いはいつですか？」

「読書に興味を持ったのは、どの本がきっかけでしたか？」


こう聞かれたら、みなさんはどう答えるでしょうか？

「うーん、幼稚園の時に読んだ絵本かな？」「多分、小学校の時に読んだ課題図書だな」などと具体的に回答できますか？

「答えられる！」という人も「答えられない！」という人もいると思います。

ちなみに僕は「答えられない」人間です。

そして僕は、**「具体的に答えられないのは、本と『出合っていない』のと同じなのではないか」**と思うのです。

「本を読む」≠「本と出合う」

これまでに1冊も本を読んだことがない、という人はおそらくほぼいないでしょう。

でも、本を読むことと、読書に興味を持ったり、その本から何かを得たりするのは別の話です。極端な話、何冊本を読んだとしても、何冊本を読み聞かせてもらったとしても、本と「出合えない」人もいます。

最初に出合った本を覚えていてその後も本に興味を持ち続ける人と、出合った本を覚えておらず読書に対するハードルが高くなってしまう人——これらは、「本との出合い」によって変わるのです。

本と出合った人の特徴を見分けるのは簡単。

「はじめに出合った本を具体的に答えられるかどうか」です。

たとえば、今回取材した東大生のほとんどが、「あなたの本との出合いを教えてください」という質問に「これ！」という1冊を答えてくれました。

- 「幼稚園の時に読んだ『三びきのやぎのがらがらどん』という本が、子どもながらにオチが強烈すぎて覚えている」
- 「小学校で『100万回生きたねこ』を読んで、なんか無性に悲しくなった」

といった具合です。

これは別に、彼ら彼女らの記憶力が優れていたから答えられたわけではないでしょう。事実、「この本以外に幼稚園・小学校で読んだ本のことはまったく覚えていない」という人もいました。

ではどうして彼ら彼女らは本に出合えたのでしょうか？

それは、僕は**「感情が動いたから」**だと思います。

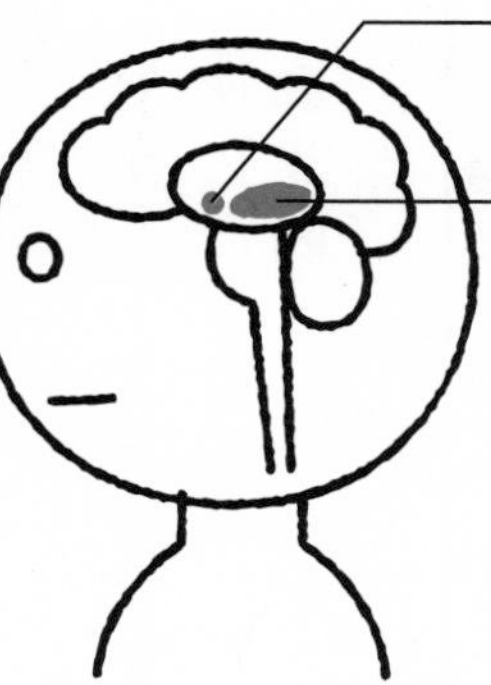

感情が動かされると、記憶が残りやすくなります。これは扁桃体という脳の器官が記憶を司る海馬の近くに存在することから起こる脳科学的な現象です。

みなさんも、「なんとなくおもしろかった」映画よりも、「この映画、めっちゃ泣いたなぁ」などと、感情が大きく動かされた映画のほうが覚えているのではないでしょうか。また単純な話、感情が大きく揺さぶられると「次も観たいな」と思うのではないでしょうか？

僕は「ＡＬＷＡＹＳ　三丁目の夕日」という映画シリーズを3作とも観て、全部映画館で号泣しました。１回目でまわりが引くほど映画館で泣いてしまって、

『スーホの白い馬（日本傑作絵本シリーズ）』大塚有三、赤羽末吉イラスト、福音館書店刊
＊悲しいけれど、心に残るあたたかい物語。

その続編も「また泣くんだろうなぁ」と思いながらも観てしまいました。このように、悲しかろうが嬉しかろうが、感情を大きく動かされる経験があると、記憶に残りやすく、「次も！」という気分になります。

本でこうした「感情が動く」経験をするのが、「本と出合う」という経験だと思うのです。

読書好きの東大生の多くは、幼稚園から小学校にかけての多感な時期にそんな経験があり、その後も「本に興味を持ち続けてきた」のです。

「最初の1冊」≠「出合いの1冊」

そしてそれは、別に「最初の1冊」であるとは限りません。僕は幼稚園の頃に何冊か読み聞かせをしてもらった覚えがあるのですが、正直それがどんな本だったかはあまり覚えていません。でも、小学3年生の時に『スーホの白い馬』という本を読んだことだけはとてもよく覚えています。

とても悲しい物語でした。バッドエンドで、救いなんてない悲しい、悲しい物語。でも、そんな物語だからこそ、よく覚えています。今でも、なんとなく動物と人間のストーリーの本を読んでしまうのは、この本の影響かもしれません。

それまでに何冊も読んでもらっていたと思うのですが、やはり「次の本につながった、今でも覚えている出合いの1冊」と言われると、僕はこの本が一番に出てきます。

僕は今でもバッドエンドのストーリーはそんなに好きなわけではありません。しかし、本と出合うための最初の1冊ならば、ちょっと後味が悪いような作品でもいいのかもしれないと思っています。

そのほうが、「口直し」ではありませんが、不思議と次の1冊を手に取りたくなる。バッドエンドのストーリーにはそんな効果があるのかもしれませんね。

先ほど東大生が出合いの1冊として挙げていた『100万回生きたねこ』な

ども、ハッピーエンドとは言い切れない絵本です。『シンデレラ』や『白雪姫』『三びきのこぶた』のような勧善懲悪型のハッピーエンドの絵本もいいですが、『マッチ売りの少女』や『人魚姫』のような悲しい物語のほうが記憶に残りやすく、「次の1冊」につながるのかもしれません。

そう考えると、子どもを読書好きに育てたいならば、時には「悲しい物語」を読み聞かせてみてもいいかもしれませんね。

summary

● 感情が動くことで、次の本が読みたくなる。次の本へと自分から手を伸ばすようになることで読書習慣が身につく。

Section 02

東大生の自宅には、どんな本があったのか？

子ども時代の「東大生の本棚」

「どんな本を読ませれば、子どもの将来に役立つんだろう？」
「子どもの頃に読み聞かせた本の種類で、その後の人生が左右されたりするんだろうか？」

子育て中の親御さんならば、一度は考えたことがあるのではないかと思います。

しかし、実際に東大生にアンケートを取り、読書に関して取材をした結論としてお伝えしたいのは、「この本を読ませればいい！」というような本はありません。むしろ、**「こういう本を読みなさい」と親が子どもに本を押し付けてしまうことこそ、やってはいけないこと**なのです。

「東大生は、読書好き」ではない

どうして「こういう本を読みなさい」がいけないのかを説明する前に、ひとつみなさんの持つ誤解を解いておきたいと思います。

「東大生は、小さい頃から本が好きなんだろう」

「東大生って、昔から読書感想文とか課題図書とか難なくクリアできる人たちなんでしょ？」

このように、「頭のいい人は読書が好き」だと思っている人もいるかもしれませんが、そんなことはありません。

ここではっきり否定させてください。

東大生だろうが京大生だろうが、読みたくもない本を読むのは億劫だし、ど

◇東大生も、「読書感想文」が嫌い!?

Q　読書感想文は得意（好き）でしたか？

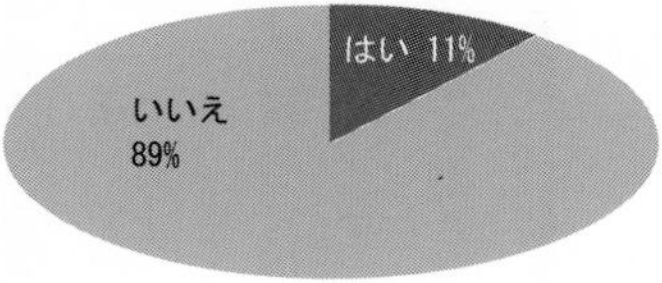

東大生100人への読書アンケートより

んな本でも難なく楽しく読めるような人なんてそうそういません。

その証拠に、「あなたは読書感想文が得意（好き）でしたか？」という問いに対してほぼ90パーセントの東大生が「NO」と答えていました。

詳しく聞くと、「いや、『この本の感想を書け！』とか課題出されても億劫だし」「人から押し付けられたものってなんか読みたくないじゃん？」と答えていました。

つまりは、東大生であろうがなんだろうが、好きでもない本を読むのは嫌だし、読書がものすごく好きで東大生になった人なんてそうそういないのです。

「この本を読んだから東大生になれた！」みたいな1冊なんて存在しないのです。

実際に、「親から読めと言われて読んだ本がとても参考になった」「課題として出された本が印象に残っている」というように人から押し付けられた本を好きになったと答える東大生は一人もいませんでした。人から「読め！」と言われたものを好きになることなんて滅多にないのです。

東大生の自宅にはどんな本があったのか？

「じゃあ親は本に関して何も言わないほうがいいのか？」というと、そんなことはありません。

押し付けられるのは嫌でも、「多くの本をオススメしてくれたのが良かった」と語る東大生の数が非常に多かったのです。

たとえば、ある法学部の学生は、「**アラカルト方式で『どの本を選んでもいい』という本棚**があったのが良かった」と語っていました。

図鑑も絵本も、時には大人向けのものも全部詰まっている本棚です。文化系の本も理科系の本も、マンガも小説も全部揃った「オススメの本が並んだ本棚」を親が用意してくれたのが非常にありがたかった、というのです。

同じように子ども時代に「親のつくったオススメの本の本棚」があった学生は、そこにあった『週刊そーなんだ！』を読んで理系に興味を持ち、理工学部に進んだとか。

特定の本・特定の分野だけを押し付けるのではなく、**興味関心に沿って選べる本棚**をつくる。そうすれば自分で好きなものを見つけて読むことになるので、本をおもしろく読むことができます。

本棚づくりは教育の先行投資

そんな理想の本棚をつくるには時間もお金も労力もかかりますが、しかし子どもにとって、読書に対するハードルが下がるのは事実。そのうえ、自分で選んだ分、本を好きになりやすいので、その後の読書習慣にもいい影響を与えるのではないでしょうか。

「図書館とか本屋さんとかでもいいのでは？」と思う方もいると思います。たしかにそれでも問題ありませんし、図書館や本屋さんで、子どもが自分で選んだ本を読ませてあげるのもいいでしょう。

しかし、本屋さんや図書館は選択肢が多すぎて、子どもにとっては選びにくいという側面も。

子どもを読書好きに育てたいならば、ある程度限られた選択肢の中で、オススメできるものを読ませてあげるのがベストなのです。

summary

● アラカルトの本棚を自宅につくることが教育投資にもつながる。

Section 03

東大生が大事にする本を読む時の「視点」

「東大に入る人って、マンガを読んだり、ゲームをしたりしないんだろうな」

東大に入るまで、僕はそう思っていたのですが、東大に入ってからそれが間違いであると知りました。

「今週の『ONE PIECE』おもしろかったよね」
「『進撃の巨人』の最新刊って最高だよね」

こんな会話が学食で聞こえてくる程度にマンガ好きな学生が多いですし、その割合も、ほかの大学とそう変わりません。

しかし、その読み方は、少しだけ違うところがあります。東大生は、マンガを読む時も小説を読む時も、「あること」に気をつけて読むんです。それは、**「視点」**です。

- 「主人公の視点から見たらこう考えるけど、悪役の立場から見たらこう考えるよな」
- 「男性にとっては当たり前だけど、女性の視点になって考えると、これって結構ひどいよな」

このように、**さまざまな人間の立場・物の見方を考えて物語を読む**のが好きな東大生が多いのです。

東大生が大事にする「視点」とは？

「複数の視点から物語を読み、さまざまな立場に立って物語を紐解く」

© 尾田栄一郎／集英社
『ONE PIECE』
尾田栄一郎、集英社刊
＊言わずと知れた国民的マンガ。東大生にも人気が高い。

『進撃の巨人』
諫山 創、講談社刊
＊こちらも東大生に人気の高いマンガ。209ページで紹介。

実はこの読み方は、大きな効果がある理想的な文章の読み方なんです。

人の気持ちになって考える、というのは容易にできることではありません。ビジネスパーソンなら経験があるでしょうが、ビジネスパートナーや顧客・消費者など、**仕事は「相手の立場に立って考える」ことの連続**です。僕も先日、インターン先で「もっと相手の立場に立って考えなさい」と怒られました。「人の気持ちを考える」というのは、基本的なことですがとても難しく、大切なんですよね。

そして、日本のマンガや小説は、「複数の立場で考える」ことを訓練するのにとてもいい教材なのです。アメリカのアニメや映画は「正義は勝つ！」という勧善懲悪モノの作品が多いですが、日本のマンガや小説はそればかりではありません。**「敵役にも感情移入できる」**作品が多いのです。

『ONE PIECE』でも敵のスモーカー大佐はすごくいい人だし、『進撃の巨人』でも敵の巨人を駆逐すればそれで終わりというシンプルなストーリーではない。

色んな人がいて、それぞれの正義を信じて戦っていて、その結果として勝ったり負けたりする。何が正解というわけでもなく、誰が正しいというわけでもない。そんなストーリーを最大限楽しむのが、**「複数の視点から読む」**という読み方なのです。

「視点を変えて読む」ことは東大入試にも役立つ

東大生は、こうした「複数の視点からの読解」が好きです。

たとえば、とある東大女子は、**「架空のキャラ」をつくり上げてその立場か**

ら本を読むことをしていました。たとえば、次のようなイメージです。

- 「このキャラに娘がいたら、この主人公の行動をどう思うんだろう?」
- 「この悪役の親友になったつもりで読んでみよう」

ほかにも、悪役側、脇役側、架空のキャラ、反対側の意見を持つキャラ、一般人などなど。このように、ひとつの読み方に固執せず、主人公以外のキャラ、ヒロインや悪役、果てはいないキャラや脇役などの視点から物語を読んで考えてみる、というのはその後の学習、その後の人生にとても役に立つのです。

実は東大の入試問題でも、「市町村合併に賛成の立場と反対の立場、両方の立場に立って答えなさい」「賛成の意見が主流であるが、あえて反対の立場で答えなさい」などと**「どちらの立場にもなって問題を解く」**という技術が求められることが多いです。

読む本は同じでも、視点を複数用意することは、工夫次第でいくらでもできることです。

Ｐａｒｔ２では、「視点を複数持ちやすい本」「この視点から読んでほしい本」なども多数紹介しているので、まずはその本たちから複数視点での読解を試してみてはいかがですか？

●「視点」を変えて読むことで、「人の立場で考えること」ができるようになる。

summary

Section 04

東大式「読んで終わり」にしない本の読み方

読んでも忘れない読書のコツ

「東大生はどうして読んだ内容を忘れずに活用できるのか?」

僕にとって、ずっとこのことが疑問でした。

読んだ内容を覚えていて、活用できるようにし続けるというのは、なかなかできることではありません。みなさんの中にも、「せっかく読んだ本も、すぐに内容を忘れてしまう」とお悩みの方がいらっしゃるのではないでしょうか?

結論から言うと、**東大生の読書にはある法則があります。**小さい頃から「それ」をしており、だから東大生は読んだ内容を忘れにくく、また本から得た知識を活用できるのです。

「それ」は何かと言うと――**「感想」**です。**東大生は、本を読んだ後、「感想」をアウトプットする**から忘れないのです。

東大生は、「感想」が好き

東大生は、めちゃくちゃ感想が好きです。

授業で**「読んできた本の感想と考察を言い合う」**なんてものがあるくらい、感想を共有するのが好きですし、読んだ本の解釈を他人と共有したり、ディスカッションしたりするのが非常に楽しいと考える学生はとても多いです。移動中だろうが合コンだろうが、どんな状況でも本の解釈で盛り上がるのです。

たとえば、僕は最近だと、友人と宮部みゆきの『火車』のラストの解釈で大変盛り上がりました。

映画でもドラマでもなんでも、他人と感想を共有したものをよく覚えているという経験、みなさんにもありませんか？

本においても同じことが言えるのです。

自分の言葉で自分の感想を表現し、それに対して他人から意見をもらったり、他人の感想も聞いてみたりする。そうやって読んで得た情報を形にして外に出してみる――つまり、**「インプット」した内容を「アウトプット」する**という過程があると忘れにくいのです。

アウトプット
↓「感情」が明確になる↓記憶に残りやすい

感想などの「アウトプット」には、ふたつの効果があります。

まずは、**「感情がはっきりする」**という効果です。

先ほど、**「感情を動かされた本の内容は覚えている」**と紹介しましたが、一方で、「感情が大きく動かされないと本の内容を忘れてしまう」ということにもなりかねません。それを防いでくれるのが「感想」。どんな本でも、内容が理解できていればなんらかの感情が発生しているはずです。

重要なのは、**その感情を自分の中で言語化する**という行為です。「どう感情が動いたのかを言葉にしよう」とすると、自分がその本に対してどう感じたのかが理解できるようになります。

「ああ、言葉にしてはじめてわかったけれど、自分はこの本に対してこう考えていたのか」と発見することも可能になります。

そうなれば、記憶として定着することにつながるのです。

「感想」は受け身から脱け出す第一歩

「感想」をはじめとしたアウトプットのもうひとつの効果は、**「受け身からの脱却」**です。

本を読んでいると、どうしても「受動的」になってしまいがちです。書いてある内容をそのまま呑み込み、疑うこともなく淡々と読み進めてしまう。〝事実らしきもの〟として書かれていることを「へえ、そういうこともあるのか」

と、なんとなく情報としてしか処理しないことが多いわけです。

でも、残念ながら、それはあまり効果的な読み方とは言えません。**受け身の読み方では、記憶に残らない**からです。

淡々と読み進めるのではなく、「これって本当なのか？」「たしかにそうだ！」「これはすごいな！」など、内容を自分の中で噛み砕いて、情報を知識にすることなしに受け身から脱却することはできません。

そんな**受け身から脱却する一歩となるのが「感想」**なのです。

本に対して思ったこと、考えたことを言葉にして、他人に言える状態にするというのは、内容を自分で噛み砕く**「能動的な」行為**です。**「後から感想を言おう」と考えるだけで、「もっとちゃんと読まなければ！」と受動的な読書から脱却することにつながります。**

本の感想を言う「場」をつくろう

「感想」を他人と共有し合うことには多大な効果があります。他人と感想を言い合うことが前提にあると、読みながらこんなことを思うのではないでしょうか。

- **このシーンについて、ぜひ解釈や感想を言い合いたい！**
- **ここについて、あの人はどんな感想を抱くんだろう？**

本を読む時に気になる点が多く現れてくるようになるのは、受け身の読書から記憶に残りやすい能動的な読書へと移行した証です。

また、「口に出して誰かに聞いてもらう」「それに対してフィードバックしてもらえる」というのは、なかなか楽しい経験です。「感想」を言い合うこと自体が楽しい行為だからこそ、記憶にも残りやすいわけです。

僕がオススメしたいのは、**本をコミュニケーションの題材のひとつにする**こと。友だちや家族と、感想を共有し合えるような本をみんなで読んで、その本について語り合ってみてはいかがでしょうか?

多くの東大生が、そういう「本の感想を言い合う場」が中高時代にあって本当に良かったと語っていました。みなさんもぜひ、本を題材に家族や友だちと語り合ってみてください!

summary

- 本は「アウトプット」するために読もう。
- 「感想」を言い合う場をつくろう。

Section 05

東大生は、なぜマンガや小説を読むのか？

ストーリーが持つ学習効果――「追体験」と「簡易化」

東大生もマンガや小説を読む――というのは、すでにご紹介しました。では、マンガや小説を読むことには、どのような効果があるのでしょうか？

今回東大生の本への向き合い方を取材し、考察するにあたり、マンガや小説などといった**「物語」を読むことで得られるふたつの学習上の効果**を発見しました。

「物語」で「想像力」をつける――「追体験」

究極的に言ってしまえば、人間は他人の感情を完全に理解することはできません。共感したり、想像したりすることはできても、100パーセントそのままの他人の感情を理解することは不可能と言っていいでしょう。

たとえばはじめて月に行った人の気持ちを理解することはできません。はじめて月面に降り立った時の感動、感情を、そのまま再現することは不可能なのです。

しかし、月に行くまでの過程を理解したうえで、月に行った瞬間の気持ちを体験することは可能です。それが、物語を読むという行為の効果のひとつ、**「追体験」**です。

「追体験」とは、**「他人の体験を、作品などを通してたどることによって、自分の体験としてとらえること」**（デジタル大辞泉）。

自分では体感できないことや、自分の中にはない想い・考え方を、物語を読むことで理解する。理解して、現実世界でも他人に対する想像力を養う。これは、物語を読むことでしか身につかない力でしょう。

「でも、それにどんな学習効果があるの？」と思う方もいるかもしれません。

しかし、**どんな勉強においても「他人に対する想像力」は必要**になるのです。

- **「この時、なぜこの王様は戦争を始めたんだろう？」**
- **「この数学の公式は、なんでつくられたんだろう？　どういうタイミングで使うことが求められているんだろう？」**

このように他人のことを想像すれば、前後の文脈がよりわかりやすくなったり、知識が定着しやすくなったりします。

さらに、少し細かい話ですが、問題を解く時も、「出題者」という他人を想像して問題を解くという応用法もあります。**「こういう意図で問題を出したに違いない」**というように**問題を解くヒントを得る**ことだってできるようになります。

物語から複雑な「感情」を学ぶ——「簡易化」

「抑圧」とはどういう感情か、説明できますか？

「嫉妬」はどうでしょうか？

「遠慮」は？

これらの「感情」って、なかなか言葉にして表すことができないですよね。実際に、感情とは論理的に説明不可能な面をはらんでいるものです。それを言葉で完全にまとめることなんてできません。

しかし、それを簡単に説明する方法があります。**物語を読んで、そこで登場する感情を引用すればいい**のです。

たとえば「抑圧」なら、「優秀な兄を持って常にその兄と比べられ、親から毎日勉強させられる弟の気持ち」のように、物語の中で置き換えて説明するのです。わかりやすいし、他人にも伝わりますよね。

これが**「簡易化」**です。

物語を読まないと「優秀な兄を持つ弟の気持ち」はわかりません。それは先ほど言った「追体験」の効果です。

言葉にできない想いを、感情を、言葉にして簡単に説明できるように、そして理解できるようにする過程が「簡易化」なのです。そして「簡易化」ができれば、**ほかのタイミングで感情について説明されている時、理解しやすくなります。**

© HERO・OOZ/SQUARE ENIX
『すべての希望にエールを HERO個人作品集4』HERO、スクウェア・エニックス刊
＊「抑圧」の簡易化に最適。

たとえば、「抑圧された民衆が……」と教科書に書いてあった場合、たとえ自分が抑圧された経験がなかったとしても、「抑圧」という感情を簡易化できていれば、想像して実感を持って読むことができます。さらに追体験もしておけば、より鮮明にその当時の民衆

の想いが理解でき、より印象に残る読解ができるようになります。

このように、物語を読むことには**「他人への想像力」を養い、「感情」を理解する**という学習に役立つふたつの効果があるのです。

そう考えると、僕自身とても納得することがあります。

というのも、昔は歴史や国語がすごく苦手だったのですが、マンガを読むようになってから、少しずつ「これってこういうことかな？」と歴史の教科書の文言が理解できるようになっていったのです。一方、大学生になり、家庭教師を始めて気づいたことですが、「物語」が不足している生徒に勉強を教えるのは大変です。「この時、この人は、こういう感情を抱いたんだよ」と説明しても、なかなか理解してもらえないからです。

歴史や国語だけではなく、勉強には「想像力」が必要になる場面が多々あります。中でも身につけるのが一番難しいのは、**「他人への想像力」**であり**「他人の感情を理解する力」**。それを養い、体系立てて勉強するためのツールこそが「物語」なのではないでしょうか。

このように、マンガや小説には想像力の糧としての効果があると言えます。Part2ではそんな**「想像力の糧」**につながる本も紹介しているので、ぜひ読んでみてください。

summary

- 「想像力」はどんな勉強にも必要な大事な力。
- 物語を通して、「想像力」を養おう。

Section 06

暗記とライトノベルの意外な関係

「中二病」は暗記ができる!?

「ラノべって、学習に悪影響なんですか？」

小説やマンガの話をすると、こんな質問をされますが、結論から言うと、そんなことはありません。ライトノベルには挿絵が多くて俗っぽい印象がありますが、勉強に悪影響を及ぼすということはありませんし、むしろプラスの面もあります。

ライトノベルが持つ意外な学習効果

当たり前のことですが、ライトノベルはほかの小説と同様に、日本語で文章が書かれています。カタカナ語や話し言葉が多いという違いはあるかもしれませんが、日本語だというのは変わりません。実は、この「日本語を運用する」というのはそれだけで学習効果があります。

「それはさすがに言いすぎでは？」と思うかもしれませんが、たとえばこんな場合を考えてみてください。

「シャルル」という王様が世界史には出てきますが、いわゆる小説ならいざ知らず、ライトノベルでは、「シャルル」という名前のキャラクターは数多く登場します。「シャルル」という名前のキャラクターに触れていると、世界史を学ぶ際に、「シャルル」という名前に愛着がわき、記憶に残りやすくなります。

世界史でつまずく受験生がよく言うのは、「カタカナの名前に馴染みがなくて覚えられない」ということ。しかし、ライトノベルで外国風のカッコいい名前に触れていると、「あ！　あのキャラと同じ名前！」となって、記憶に残りやすくなるのです。「たったそれだけで!?」と思うかもしれませんが、意外とこうした些細なことで勉強に対する意欲が違ってくるのです。

また、ライトノベルではカタカナ英語の技名が出てきますが、それも英語学習のはじめの一歩になります。

「エターナルフォースブリザード！」など、よく中二病の子が叫んだりしますが、**“エターナル”も“フォース”も“ブリザード”もすべて受験で出題される英単語**です。英語の授業で「エターナルフォースブリザードのエターナルだ！」と親近感がわく、ということもあると思います。同様に、ライトノベルによく出てくる「髑髏」や「刹那」といった一般的にはあまり使われない難しい漢字に触れることも、漢字の学習につながります。「この漢字、ラノベで見た！」と思える文字に出合ったら、それだけで集中力が高まり、前のめりになって勉強に向かえるようになるのです。

つまり、いわゆる小説や評論ではなかなかお目にかかれない文字を使っているという点において、意外とライトノベルも勉強に役立つ面があるのです。

東大の授業でライトノベルが紹介される理由

俗っぽい物語ばかり読んでいても、勉強しなければ意味がないというのは、その通り。僕も中学生の頃はマンガとラノベとゲーム三昧で、成績は学年ビリでしたので。それでもあの時マンガやライトノベルを読んでいたからこそ、捗った勉強があったり、覚えられたりした英単語があったことも事実です。

つまり、**どんなものでも、過度であるのは良くない**のです。

マンガばかり読んでいたら成績は下がりますが、それは別にマンガに限った話ではありません。小説でも評論でも、ライトノベルだって同じこと。はたまた教科書だってそうです。1教科ばかり勉強をしていてはほかの科目が疎かになってしまいます。要は、程度の問題だと思うのです。ライトノベルにも良い

『ソードアート・オンライン』
川原 礫、イラスト／abec
KADOKAWA（電撃文庫）刊
＊シリーズ物だが、1巻の完成度がとても高い。

面があることを理解し、小説や評論を読みつつ、たまにはライトノベルも読んでみる、というのが理想的ではないでしょうか。

逆に、ずっとライトノベルを敬遠して「絶対に読まない！」とするのもあまりオススメしません。

たとえば、『ソードアート・オンライン』というライトノベルがありますが、これはバーチャルリアリティやＡＩ、シンギュラリティなどのテーマを用いて描かれたライトノベルです。これを読んでいると、これからの**科学の進展や科学技術の躍進に対する考え方のはじめの一歩の知見を得る**ことができます。

東大でＡＩなどの勉強をする際、先生がこの本のことを紹介していたくらいです。

このように、ライトノベルの中には本当に勉強になる、新しい考え方を提示してくれるとてもおもしろいものだって存在します。

「ライトノベルだから」と忌避するのではなく、良い部分は良い、悪い部分は悪いと、メリットとデメリットをしっかり分けることが重要なのではないでしようか。

さて、Part2ではそうした「勉強になるライトノベル」も紹介しますので、学生もビジネスパーソンのみなさんもぜひご覧ください。

●ライトノベルはメリットとデメリットを理解して、うまく活用する。

summary

Section 07

子どもへの「読み聞かせ」って、効果があるの？

東大生が子どもだった頃の読書とは？

子どもへの本の読み聞かせは、国を問わず、時代を問わずに行われてきた行為です。

２０１２年にベネッセ教育総合研究所が行った調査では年少児、読み聞かせをほとんどしていない親御さんは全体の10％未満だったとのこと（「幼児期から小学校1年生の家庭調査報告書［２０１２年］」）。

しかし、一体どのような読み聞かせを行えば効果があるのか、はっきりと認識している親御さんの数は少ないのではないでしょうか。

「読み聞かせをしたけど子どもが本好きにならなかった」
「むしろいつまでたっても自分で本を読もうとせず、読んでもらおうとばかりするようになった」

このような話もよく聞きます。
では一体、どんな読み聞かせが効果的なのでしょうか？
ここでは、東大生への調査から見えてきたことをご紹介しましょう。

読み聞かせにオススメなのは、「一段階ハードルが高い本」

先に結論を言うと、僕が一番効果的だと感じた読み聞かせは、**「その時、子どもにとって一段階ハードルが高い本」を読み聞かせること**です。文字があまり読めない時には絵本を、読めてきたら短編の小説を、それができたら長編の小説を……というように、段階的に本のレベルを上げていき、子どもの読書の助けにしていくのです。

◇東大生は子どもの頃、どんな「読み聞かせ」をしてもらっていた？

1位『ぐりとぐら』『桃太郎』『ハリー・ポッターシリーズ』（各3名）

2位『あらしのよるに』『はらぺこあおむし』（各2名）

◎その他（各1名）

・絵本や童話、小説（『100 万回生きたねこ』『三びきのこぶた』『みにくいアヒルの子』『キップをなくして』『おおきなかぶ』『かいじゅうたちのいるところ』『そらまめくん』『アンデルセン童話シリーズ』『シンデレラ』『スーホの白い馬』『ブレーメンの音楽隊』『マッチ売りの少女』『人魚姫』）
・『会社四季報』
・小泉八雲の怪談　など

東大生100人への読書アンケートより

このように考えたきっかけは、東大生に「あなたはどういう本を読み聞かせてもらいましたか？」と質問してみた時の、意外な答えがきっかけでした。

ふつう、読み聞かせしてもらう本として多そうなのは、『ぐりとぐら』『はらぺこあおむし』などの絵本ですよね。東大生の中にも、それらの本を挙げる人もいました。しかし、絵本以外の本のラインアップに、驚きの本がありました。『ハリー・ポッターシリーズ』と答える学生が3人もいたのです。絵本などのように読みやすいものではなく、分厚くて漢字も多く読みにくい本を、親が噛み砕いて読んでくれた、ということのようです。

●「自分で読むにはハードルが高い本だから、読んでもらった」
●「ちょっと難しい本を読んでもらったことは、よく覚えている」

このように話していました。

ではなぜ、その時のレベルより高い本を読み聞かせられると印象に残りやすいのでしょうか?

僕が思うに、「自分にとってちょっとハードルが高い本」を読み聞かせしてもらうのは、先ほどご紹介した**「アウトプット」(43ページ参照)を誘発させる効果がある**からではないでしょうか。

「今の自分のレベルだと読めないけれど、もう少しで手が届きそうな本」を読み聞かせられると、子どもは感想や質問を言いたくなります。まったくわからないと感想も質問もありませんが、もう少しで読めるという本なら、「○○ってどういう意味?」とか、「えー! ハリーかわいそう!」などと、その場で親に質問したり感想をぶつけたりすることができるようになります。

そうやって「アウトプット」の経験ができると、「次の本が読みたい」と思うようになって、今度は質問しながら自分で読めるようになる――このように「次の本を読みたい」と思う原動力になるのではないでしょうか。

読み聞かせで、子どもの「感想」を聞いてみよう

また、「感想」を聞いてみる、というのも大事なポイントです。

「感想を共有すれば、読書がより効果的になる」というのは先ほどもご紹介しました（47ページ参照）。それを、子どもの頃から親とやってみるというのは、とてもいい効果があります。

ある東大生は、「読み聞かせ」の後、その本の続編を2冊買ってもらって、親と自分で別々に読んだそうです。そして、読み終わった後で、自分の疑問や感想を親に伝える、ということをしていました。読み聞かせが、親子で感想を言い合うきっかけになったわけです。

僕も、『キップをなくして』という本を親から読み聞かせてもらった覚えが

『キップをなくして』
池澤夏樹、角川文庫刊
＊キップをなくして東京駅で暮らすことになった少年イタルのひと夏の物語。

『サラバ！』
西 加奈子、小学館文庫刊
＊主人公、圷歩（あくつあゆむ）の波乱万丈の半生を描いた物語。

あります。たしか小学3年生の時で、当時の僕にとっては、「自分で読むにはちょっとハードルが高い本」だったのを覚えています。でもそういう本だからこそ、「○○って何？」と疑問がいっぱい出てきて、父に聞きながら読み聞かせてもらったのを今でも覚えています。

その時のことがきっかけで、今でも父と「お互いが読んでおもしろかった本を貸して、質問をしたり、感想を言い合う」ということをやっています。はじめは父が僕のレベルに合わせてくれたのですが、中学校・高校と学年が上がっていくにつれて、だんだん僕も父の読書レベルに合わせることができるようになりました（ちなみに、最近借りたのは西加奈子の『サラバ！』です）。

このように「その時の子どもにとって一段階ハードルが高い本」を読み聞かせることは、親子での読書体験の入り口にもなります。

「読み聞かせ」の目的は、ご家庭によってさまざまだと思います。しかし、子どもにとっては、自分では読めない本を親が読んでくれて、読み終わった後に質問や感想もぶつけられる、というのは魅力的なことです。

子育て中のみなさんは、試してみてはいかがでしょうか？

summary

● その時の子どもにとって「一段階ハードルが高い本」を読み聞かせ、その後に感想・意見を言い合ってみよう。

Section 08

「古典作品」は、やっぱりタメになる!

東大生が考える手塚治虫のススメ

古典作品というのは、時代を超えて存在し続ける素晴らしいものです。いつの時代の人の心にも刺さる真理が含まれていて、若者が読んでも老人が読んでも「いい」と思える何かがある。それが古典作品の魅力ではないでしょうか。

夏目漱石や太宰治などの日本の文学作品や、ダンテの『神曲』、ボッカチオの『デカメロン』のような世界的古典作品などは、時代を超えて多くの人に愛されています。今回、これらの本を中高生時代に読んでいたという東大生も多かったです。

しかし、文学だけが「古典」ではありません。実は今回アンケートを取った時に、東大生の中には**「まったく新しい古典」**を挙げる人が多かったのです。それは、「マンガ」です。たとえば、手塚治虫の『ブラック・ジャック』『ブッダ』『火の鳥』、または中沢啓治の『はだしのゲン』、藤子・F・不二雄『ドラえもん』など。どれも、「学校の図書室に置いてあったマンガだったから読んだ経験がある」と答えた東大生が多く、また印象に残った本として挙げている人が多かったです。

一体どうして東大生は古典的なマンガに心惹かれるのでしょうか？　あまり知られていない古典マンガの魅力とは何なのか？　ここではそんな話をご紹介します。

「正義と悪」ではないメッセージ性

古典マンガは、勧善懲悪型の作品ばかりではありません。そこに登場するのは、根っからの悪役ではなく、同情や感情移入ができるキャラクターが多いのです。単なる「正義と悪」のぶつかり合いではない、より高次元なメッセージ

©TEZUKA PRODUCTIONS
『ブラック・ジャック』
手塚治虫、秋田書店刊
＊詳しくは 141 ページで紹介。

『ブッダ』手塚治虫、潮出版社刊
＊手塚治虫が描くブッダの生涯。

を読者に届けてくれる。その最たるものは、手塚治虫の作品でしょう。

『ブラック・ジャック』では、そもそも主人公が悪役です。医師免許を持っておらず、患者に法外な金額を請求する悪徳医師。しかし腕は天才的。世間的にはとんでもない主人公の話なのに、どこかでやはり主人公の考え方や生き様に共感してしまう。

そしてブラック・ジャックのライバルとして描かれるドクター・キリコも、悪役ながらどこか人間らしい魅力のあるキャラクターです。できるだけ楽に人を殺す安楽死専門の医師キリコと、悪徳医師のブラック・ジャック。どちらが正義というわけでもなく、ブラック・ジャックもドクター・キリコもそれぞれの正義で、信念を持って生きているのがこの作品のおもしろさです。

また、『ブッダ』にもその考え方は見られます。苦難の連続、人間に襲いかかる数々の悲劇。誰もが精一杯生きているだけなのに、どこかで歪んでしまう。その中でも悟りを開いて、石をぶつけられようとも人々を導き続けるブッダ。根っからの悪人なんておらず、一度罪を犯した者でも救われる可能性だってある。そんな「正義と悪」ではない「人間同士のぶつかり合い」が描かれています。

東大生は「議論」のために古典作品を読む

先ほど、東大生は「視点」を大事にするとご紹介しました（36ページ参照）が、**古典作品にはさまざまな「視点」が用意されています**。主人公や登場人物だけでなく、神の視点や動物の視点、自然や大地の視点など、単なる「正義と悪」にはとどまらない多くの「視点」があるのです。

そしてこれだけ多くの視点がある作品だと、自然と感想を言いたくなります。視点が多いということは、それだけ問題提起も多いということ。だからこそ、**読めば読むほどどんどん感想が出てきて、議論したくなってくる**のです。

実は先日、東大生同士で「ブラック・ジャックはいい医者か、悪い医者か」で3時間ほど議論になりました。単純な論点ですが、すごく問題が多岐にわたり、とてもおもしろいディスカッションでした。ディスカッションの結果、「3時間ではとても足りない」という結論に至りました。

東大生が3時間以上本気で議論できるほどに、手塚治虫の作品はさまざまな問題提起をしてくれていて、またさまざまな感想を抱かせてくれる作品だということです。

感想を抱いて、アウトプットするというのは、受け身の読書を脱け出し、**「読む力」と「考える力」が身につく能動的な読書へと移行する第一歩。**

それに、古典的なマンガって、大人になってからのほうが楽しめるものばかり。すでに大人になったみなさんも試してみてはいかがでしょうか？

Ｐａｒｔ2では、『はだしのゲン』と『ブラック・ジャック』に関して紹介していますので、ぜひそちらも併せてご覧ください。

summary

● さまざまな「視点」を与えてくれる古典作品を活用して、能動的な読書を始めよう。

Section 09

東大生は、同じ本を何度も読み返す？

「くり返し読み」で「読む力」と「書く力」を鍛える

みなさんは、１冊の本を何度も読むタイプですか？　それとも、何冊もの本をどんどん読んでいくタイプですか？

おそらく同じ本を何度も読んだりする方は、少ないのではないかと思います。しかし、東大生へのアンケート結果を見ると、意外にも幼少期に「１冊の本を何度も読んでいた」という人が63％、「多くの本を読んでいた」という人が37％。実は同じ本を何度も読んできた東大生が多いことがわかりました。

「えっ!?　なんで同じ本を何度も読むの!?」

そう思う方もいるでしょうが、実は東大生は、同じ本を何度も読むことによって、**読解力**を鍛えていたのです。

「くり返し読み」で、「文章のリズム」を身につける

- 好きな本を何度も親にねだって読み聞かせしてもらった。（法学部4年生）
- 『桃太郎』を暗記するくらいまで何度も読み込んだ。今でも一字一句間違えずに暗唱できると思う。（工学部3年生）

これは東大生から聞いた言葉ですが、同じ本を何度も読むことによって彼ら彼女らが身につけているのは、**文章のリズム**です。一度読んだだけでは身につかない、物語の語り口や展開の仕方を、何度も何度も読むことによって自分のものにしているのです。

たとえば、「むかしむかしあるところに」という状況設定、「おじいさんとおばあさんがいました」という登場人物紹介、「おじいさんは山へ芝刈りに、お

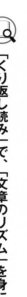

◇東大生は、同じ本をくり返し読む？

Q どちらかと言えば、1冊の本を何度も読むタイプですか？
それとも多くの本を読むタイプですか？（幼少期の読書経験について）

東大生100人への読書アンケートより

ばあさんは川へ洗濯に」という物語の展開。文章の展開や物語の進み方には共通点があり、言葉のくっつき方や文章の展開の仕方などにも**型**があります。それを自分のものにすることで、**読むスピード**が速くなります。さらには、**文章を書く**ことができるようにもなります。「きっとこう展開するに違いない」「こういう進め方をすればいい」とわかってくるからです。

私たちは、肌感覚として「こういう文章が望ましい」「こういう文章はしっくりこない」と身につけていくのです。

そんな**「文章のリズム」を身につけるために必要なのが、「同じ本を何度も読む」というプロセス**なのです。好きな本を何度も何度も、暗記するぐらい読み込み、その中で自然と身についてくるのが「リズム」というわけです。

教科書も、何度も何度も読み込むのがいい

何度も読むのがいいのは、子どもの時に限った話ではありません。東大生の中には、教科書をボロボロになるまで読み込んで勉強したという学生が非常に多いです。

東大生というと、色々な参考書を片っ端からこなすイメージがあるかもしれませんが、実は**東大は「教科書に載っていない知識は出さない」**とはっきり公言しています。世界史や日本史などの社会科目も生物や化学など理科科目も、教科書以上の知識を問う問題はないのです。

だから、東大生は何度も教科書を読んで勉強します。

嘘だと思ったら、一度東大の試験会場に足を運んでみてください。僕もメチャクチャ驚いたのですが、みんな試験当日の朝に校門の前で同じ世界史や日本史の教科書を読んでいるのです。

しかも、どの受験生もみんな教科書がボロボロ。多くの参考書を読むのではなく、ひとつの参考書を丁寧に読み込むことでこそ、東大入試に必要な力（読解力）が得られるわけです。

「くり返し読み」のコツ――「目的」を変えて読む

「でも、同じ本を何度も読むなんて、なんの意味があるんだ？」と思う人もいるでしょう。実は東大生は、同じ本を読むにしても、毎回目的を変えて読んでいます。

はじめの何回かは読み流す。書いてある内容を深く考えることなく、とりあえず「へえ、こんなことが書いてあるんだー」と本をペラペラめくっていきます。

そして、なんとなく本の内容がわかってきたら、今度はじっくり細かく読んでいきます。**1行1行に気を**

つけて、わからないところがあったら調べながら読んでいく。はじめから細かく読んでいこうとすると「あれ？　どういうこと？？」とわからなくなってしまいますが、先ほどの「読み流し」である程度、どんな内容が書いてあるのかはわかっているので、意外とサクサク読めるようになっています。ゼロからのスタートではなく、読む準備をしているから、読む下地がある状態が出来上がっているのです。

そして、細かくわかってきたら、次はちょっと引いて、**「全体と部分」を意識しながら読んでみる。**先ほどは細かく読みましたが、今度はその逆。大きく読んでみるのです。「結局、日本史上において豊臣秀吉って何をやった人なんだろう？」「フランス革命って世界史上においてはどういう意義があったんだろう？」などのように、俯瞰して大きな流れを意識しながら読んでみるのです。

ここまでで細かく「何が書いてあるのか」はもうわかっていますから、それを全体の文脈の中ではどういう解釈になるのかを考えながら読んでいくイメージです。

本を読む準備をして、それを元に細かく読み込み、そして全体と部分の関連

◇東大式「くり返し読み」で「読解力」と「思考力」を鍛える

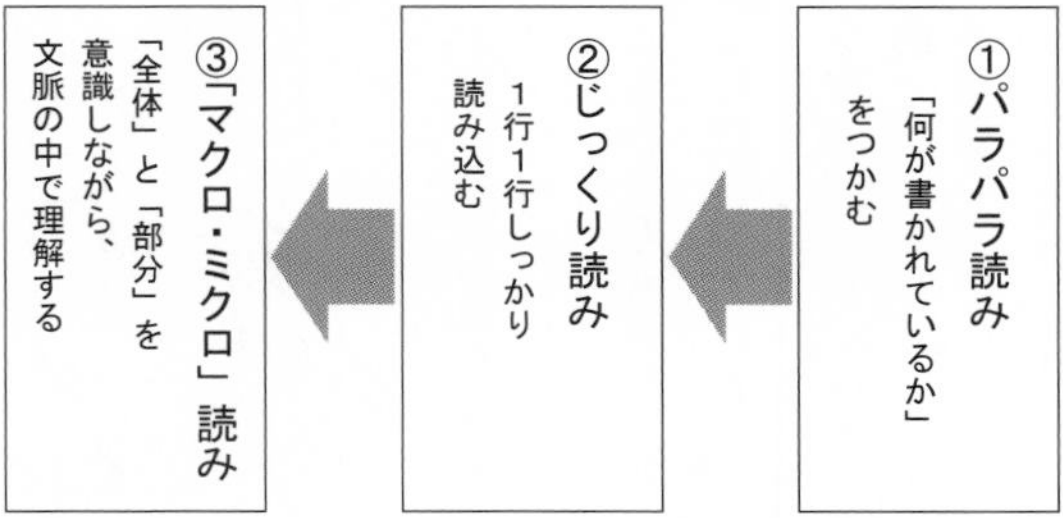
①パラパラ読み
「何が書かれているか」をつかむ
②じっくり読み
1行1行しっかり読み込む
③「マクロ・ミクロ」読み
「全体」と「部分」を意識しながら、文脈の中で理解する

を考えながら読み進める。こうやって目的を変えて何度も読むことで、多くの知識を吸収しているのです。

当たり前ですが、当てずっぽうに読むのと、ちゃんと準備をして「この文章はこういうことが書かれているのだろう」と当たりをつけて読むのとでは読解の質がまったく違います。何度か軽く読んでじっくり読む準備をし、準備と結び付けて文章を読むという読み方は、どんな文章にも応用できるものです。

さらに、全体と部分を意識すれば読解力自体を底上げすることにもなります。ベストセラー『AI vs. 教科書が読めない子どもたち』（東洋経済新報社）の著者で、国立情報学研究所社会共有知研究センター長の新井紀子教授は、**「読解力に必要なのはマクロとミクロの往還だ」**と述べています。

マクロなものの見方とミクロなものの見方、その双方を行き来する力があると、文章を読む質は向上するのです。

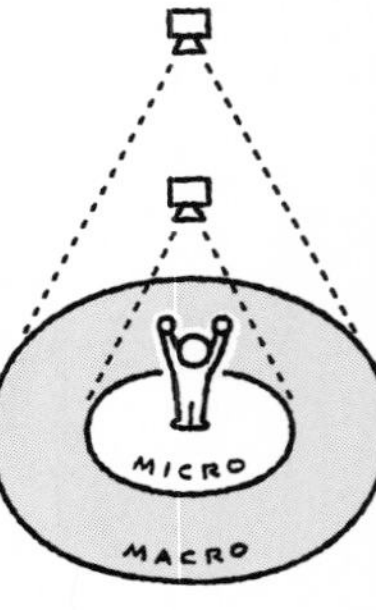

東大生は、教科書を読み込む中で読解力を上げる訓練をしているわけです。

同じ本を何度も読むことには、これだけの効用があるのです。

すでに読み終えた本を、何度も読み返してみてはいかがでしょうか？

- **教科書は、ボロボロになるまで読み返そう。**
- **どんな本でもくり返し読むことで「読解力」がアップする！**

summary

Section 10

東大生は、なぜ受験生時代にこそ本を読むのか?

東大入試と読書の関係

「いくら東大生だからと言って、さすがに受験生時代には本なんて読まないだろうな」

受験生時代、僕はこう思っていました。「勉強しなければならないことだって多いんだし、さすがに本を読む時間はないだろうなぁ」と。たしかに、僕のまわりの東大受験生を見てみても、受験生になって勉強しなければならない時間が増えると、本を読まなくなる人もいました。しかし、実は受験生時代にこそ本を読む量が増える人もいました。

これにはひとつからくりがあります。**東大の入試問題を勉強していると、自**

然と本が読みたくなるのです。

東大の問題は、難しくない!?

「東大の入試問題」と聞くと、どのようなものをイメージしますか？　おそらく多くの方は「膨大な知識量がないと解けない問題」や「重箱の隅をつつくような細かな知識を問われる問題」を思い浮かべるのではないかと思います。

しかし、現実はその逆。**東大の入試問題では、難しい知識は問われず、思考力を問う問題が出題されている**のです。

たとえば、世界史や日本史では「この出来事の名前を答えなさい」「この出来事があった年号を答えなさい」などといった問題はほとんど出題されず、「時代の流れ」や「出来事の背景」をその場で考えさせて記述させる問題が大部分を占めています。

「知識」を問うのではなく、**「自分の頭で考えているかどうか」**が問われるのです。

これは現代文でも同じことが言えます。

「東大の現代文はすごく難解な文章が出題されるんでしょう？」と思われるかもしれませんが、東大の現代文では「有名大学で東大ほど平易な文章を出す大学はない」と言われるほど読みやすい文章が出されます。早稲田やGMARCHなどの私大の入試問題やセンター試験よりも、はるかに読みやすいのです。

しかし、それでもやっぱり日本一の大学。**「読みやすいけど解き難い」**のが東大の現代文の特徴です。課される問題がすべて記述式で、「これはどういうことか説明しなさい」「これはなぜか説明しなさい」といった、より深い読解が求められるものになっています。

選択式の問題で、「あらかじめ存在する選択肢のうち、どれが正しいかを選ぶ」ものであれば、選択肢の説明が合っているか間違っているかを判断するだけで済みます。しかし、「どういうことか説明しなさい」などのアウトプットを求められると、**説明できるレベルまで深く文章を理解しなければならない**のです。だからこそ、い

くら平易な文章であっても解くのが難しい――これが東大の現代文なのです。

東大の入試問題を解くためのスキルは、読書で身につく？

こうした問題に備えて深く読解するためには、**「どうしてなんだろう？」と疑問を持ちながら読む**ことが欠かせません。難しい文章を読んで「ここがわからないな」と疑問を持つというレベルでは足りません。たとえ簡単なわかりやすい内容の文章であっても、**「そうは書いてあるけれど、よく考えるとこれってどういうことなんだろう？」**など、**当たり前に思えることにまで自分なりの疑問を持てるように**ならないと、自分の頭で考えることにはなりません。そこまでできないと、東大の問題には対応できないのです。

だからこそ、東大の入試問題を解く訓練として過去問に取り組んでいる間に、東大受験生は**「自分の頭で考える力」**を鍛えることになります。トレーニングを続けることで、目の前にある文章や習った事柄について「これは一体どういうことなのか？」を深く考える習慣が身についてきますし、逆にそれができないと東大には合格できないのです。実は、僕も「自分の頭で考える」「疑問を持ってみる」ということができなかった結果、二回不合格になってしまいました。

そして、**「自分の頭で考える」ために必要になってくるのが、「本を読む」という行為なのです。**

「この文章で言われていることって、本当にそうなのかな？」と思う部分が出てきたら、「違う本だとどう書かれているんだろう？」と、読書で疑問を解消する。「この問題は、どういう背景があって問われているんだろう？」と感じたら、読書で質問の背景を考えてみる。あるいは、「ここで考えられていることって、ほかの人はどう考えているんだろう？」と疑問を感じたら、読書でほかの人の考えを理解して自分で考えることに活かしてみる。

このように、**読書は思考力を高めてくれるツール**なのです。

だからこそ東大受験生は勉強する間になんとなく本が読みたくなる。**本を読んで、自分の頭で考える訓練をしている**のです。

みなさんも、思考力を鍛える方法として、本を活用してみませんか？

summary

● 読書は思考力を高めてくれるツールである。

Section 11

東大生は、「穴の空いた本」を読む

東大の授業では、どんな読み方をするのか?

さて、東大の入試は思考力を問うものであり、思考力を鍛えるために読書が有用だということをご紹介しましたが、東大に入学してから受ける授業では、どのように本を読んでいるのでしょうか。

次は、この視点から東大生の本の読み方を考えてみます。

どんな本にも、「穴」がある

当たり前なのかもしれませんが、東大の授業は本当にたくさんの本を読むことが課せられます。週に1冊本を読んで来なければならない授業もあり、授業で使う分だけで年間50冊以上本を買わなければならないこともあります。

そして、**本をふつうに読ませたりはしない**のが東大です。

ほとんどの東大の教授は、東大生が「ふつうに」本を読むことを求めません。**穴を埋めるように本を読む**ことを求めるのです。

「穴を埋めるように」――そんなことを言われてもピンと来ない方がほとんどだと思います。「本に穴なんて空いてないじゃないか」と。

でも、実際は、**穴の空いていない本なんてない**のです。

もちろん物理的に本には穴は空いていません。しかし、論理的には、絶対にどんな本も穴があります。

誰が読んでもなんの疑問も浮かばない、なんの反論の余地もない文章というのは存在しません。法律ですら解釈が分かれていますし、どんなにツッコミどころを排除しようと思っても、何かしら論理の「穴」が空いてしまうものです。

また、**著者があえて穴を用意する**こともあります。意図的に議論の余地や解

釈の分かれるポイントを用意しておき、読者にも一緒になって考えてもらう、という文章も多く存在しているのです

たとえば、「みなさんは、○○についてどう思いますか？」などと疑問が投げかけられる文章に出合ったことはあると思います。この本でもよく登場していますよね。こういう読者への問いかけは、本来は必要のない文言です。ここを削っても、おそらく多くの人はそのまま読み進められることでしょう。

それでもこういう文言が必要なのは、この文言が「穴」になるからです。

読者が「そういえばなんでなんだろう？」と**自分の頭で考えるきっかけになるようなツッコミのポイント**。受動的に「そうなのか」と頷くだけではなく、**能動的に「うーん、こういうことかな？」と自分の意見や考えを持ってもらうきっかけになる言葉**――こうした、**読者をより文章に引き込むためのポイントが「穴」**なのです。

東京大学出版会の『言語科学の世界へ──ことばの不思議を体験する45題』のように、「興味があれば、これを自分で調べてみましょう」と、**わかりやすく読者が補完するべき「穴」を空けている本**もあれば、抽象的なことを語って具体例は**読者が補完する「穴」として、あえて書かない**というパターンの本もあります。

このように、著者は自分の文章の中に疑問を投げかけたり、議論や解釈が分かれる、「穴」になる箇所をつくっているのです。

東大の授業は、本の「穴」を埋める訓練

東大の授業で課題図書を課す場合には、「穴」を自分で見つけさせ、そして「穴」を自分で埋めさせます。

たとえば東大の授業のよくある課題として、**「この本を読んで、疑問に思ったことやもっと深めたいと思った箇所を見つけて、授業の内容を踏まえて自分で調べ、3000字のレポートでまとめなさい」**というものがあります。ただ

本を読むだけではなく、ツッコミどころを探させて、自分でそれを補完するという訓練をさせる。入試問題でも平易な文章を読ませて「自分の頭で考え、疑問を持ってみる」ことを受験生に求めていましたが、大学入学後は、難しい本を読み、疑問に対する自分なりの回答をつくらせるところまでをセットで訓練するわけです。

そして、本自体も**「穴の多い本」**が選ばれます。自分で考えるべきことや自分なりに解釈しなければならないポイントが多く存在している本を用意して、そこで出てくる疑問点を授業で解説しつつ、学生自身にも埋めさせる。だから、「今日はこの本の○○ページの疑問を解説しましたが、今の解説に対する反論や自分なりの意見をこの紙に書いてください。それを出席代わりとします」などと言ってリアクションペーパーを配る授業も少なくありません。

東大では、こうやって、学生自身が能動的に本から知性を育むことができるような訓練を課しているのです。

たかが本の読み方ではありますが、このように東大では「学び方」を学び、訓練するためのツールとして本が使われています。

みなさんも、「穴」を意識して本を読んでみてはいかがですか？

● 「穴」のない本なんてないからこそ、
自分で「穴」を見つけて埋めながら読んでみよう。

summary

Section 12

東大生の本との付き合い方

買う派？ 借りる派？

あなたは、本を図書館で借りるタイプですか？ それとも、本は自分で購入するタイプですか？

僕は、ずっと図書館派でした。家の近くの図書館と学校の図書室で本を借りて読み、マンガが読みたくなったらＴＳＵＴＡＹＡでレンタルしていました。そのほうが安上がりで済むし、色んな本をどんどん読むことができるからありがたいと思っていたのです。

しかし東大に入って、「買う派」に変わりました。どんなに高くても、たとえ無料で借りられるとしても、**本は購入したほうが断然いい**ということを思い知ったからです。これはほとんどの東大生が同意してくれた話で、東大生の約7割が「買う派」でした。

もちろん「図書館派だ」と答えた人もいますが、よく聞くと「今はお金がないので図書館で借りているが、正直本は絶対買ったほうがいいと思っている」と話します。では、どうして本は買ったほうがいいのか、その理由を考えてみます。

読めば読むほど、本は姿を変えていく

先に結論を言ってしまうと、本は読み手によって無限に姿を変えるものだから、本は買ったほうがいいと思います。

もちろん、文章自体が変化するということはありません。しかし、文章が変わらなくても、読み手の状態が違えば確実に本の中身は変わります。

たとえば、いくら読んでも内容が頭に入ってこないことがあります。そういう時は、知らず知らずのうちに、何か心に引っかかっていることが多いもので

◇東大生は、本は「買う派」

**Q 図書館で本を借りるタイプですか？
それともほしい本は買うタイプですか？**

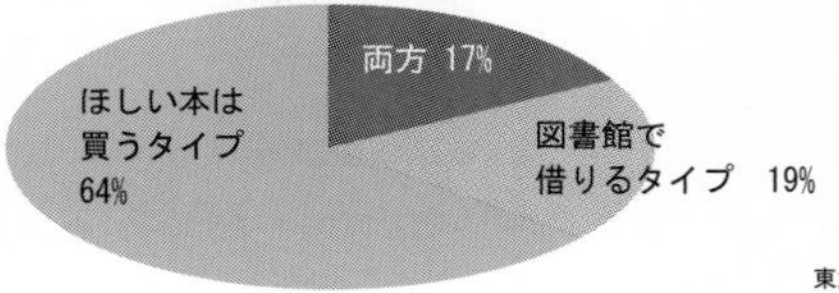

東大生100人への読書アンケートより

す。一方で自覚していなくても、心身の調子が良くて、本の内容が次から次へと入ってくることだってあります。

さらに、人生経験やその時の悩みによって本のおもしろさが変わる場合もあります。人間関係に本気で悩んだ経験があると『嫌われる勇気』は格段におもしろくなりますし、人生に疲れる経験があると『人間失格』はおもしろくなりますし、社会の荒波に揉まれて自分を見失いそうになる時ほど『砂の女』はおもしろくなります。

自分がどういう状態にいて、どういう時にその本を手に取るかによって、本から得られるものはまるで違うものになります。だからこそ、**本がいつでも好きなタイミングで手に取れる状態をつくる**のが理想的なのです。

『嫌われる勇気』岸見一郎・古賀史健、ダイヤモンド社刊
＊アドラー心理学ブームを巻き起こした１冊。

『人間失格』太宰 治、新潮文庫刊
＊共感できる自分が嫌になる、そんな感覚を覚える１冊。

一方で、最初に読んだ時「おもしろくない！」と思った本でも、本棚に残しておきたいものです。ふとしたタイミングで手に取って読んでみると、「やっぱりおもしろいじゃないか」と感じることもあります。これもまた本の醍醐味。そんな読書の楽しさを味わうためにも、本は買って手元に置いたほうがいいと思うのです。

本は、経験を積むほどにおもしろくなる

時間がたってから読み返して、「ここってこういうことなんだな」と新たに理解できる本もあります。

僕にとってのその最たる例は、太宰治の『人

間失格』でした。この本を僕がはじめて読んだのは中学生の時。当時は主人公にまったく共感することはできませんでした。何気なく本棚の隅に置いておいたのですが、高校生の時にふと思い出して読み直してみると、「ああ、この感情、なんとなく理解できるかも」と思える部分が多くなっていました。そして大学生の今読み返してみると、主人公のことがよくわかる——。『人間失格』とは言いつつも、今読むとなんだか「人間そのもの」のように思えてならないのです。

僕が少し大人になったからそう考えるようになったのか、別の要因があるかはわかりません。でも、少なくとも『人間失格』を買って本棚に置いておいてよかったと思います。もし図書館で借りていたら、僕はこの本のおもしろさに一生気づけなかったでしょう。

読書で「新しい情報」と「古い情報」をつなぐ

新しい本を読み進めるうちに、以前読んだ本を読みたくなることがあります。不思議なもので、本というのは、読めば読むほど、「あ、この本で述べられている概念、あの本でも読んだな」「この内容、あの本でも述べられていたはず」と、読み返したくなるものです。

詳しくはPart2でお伝えしますが、**教養とは、情報と情報、知識と知識を結びつける力**です。新しい本を読み、新しい情報を仕入れると同時に古い情報を更新することで、「情報」と「情報」、「知識」と「知識」が結びつき、教養が高まるのです。

教養を高めるうえで「読み返し」は必須。でも、図書館で借りた本では、必要な時に「読み返し」ができません。

「新しい情報」と「古い情報」をつなぐために、何度も本を読み返す——そのためにも、**いつでも手の届く場に本がある環境をつくることが大事**なのです。

東大生の本棚は、増えはしても、減りはしない

本棚は、増えはしても、減りはしないのが最高です。

正直なところ、「残しておいても意味がないかもしれないと今は思う本」がたくさんあります。多くのものを持たず、不要なものは捨てるようにしたいとも思っています。

しかし、本に関しては残しておくことも大切。たとえ次に読むのが3年後、5年後、10年後になるとしても、それでも残しておくことで後から読み直すことができるという価値を考えると、決して無駄ではないと思います。出費がかさむこと、そしてスペースをとることを覚悟して、本を買い揃えてみてはいかがですか？

summary

● 教養を高めるためにも、いつでも本が手に取れる環境をつくろう。

Section 13

東大生はたくさんの本を読む？

「読書量＝知識量、頭の良さ」ではない

「やっぱり東大生って、みんなたくさん本を読むんですか？」

最近よく、そんなことを聞かれます。

もちろんこの質問に対する回答は「ＹＥＳ」です。

東大生は月に20〜30冊程度本を読む人が多く、中には50冊も読むなんて人もいます。

しかし、全員が全員たくさん本を読んでいるわけではありません。むしろ、月に1〜3冊しか本を読まないけれど、そこから多くの知識を得る人というのもいます。はたして彼らは、どんな読書を実践しているのでしょうか？

本を読んでも、「活かせなかったら意味がない」

少ない本から知識を得ている東大生に聞くと、みなこのように話していました。

「せっかくたくさん本を読んだって、その知識を活かせなかったら意味がない」

僕はこの言葉がすごく刺さりました。というのも、本をいくら読んでも内容が頭に入ってこなくて、知識が活かせない時期が長かったからです。

人間は、自分で体験したこと以外から物事を学ぶのが難しい生き物です。たとえば、恋愛をまったく経験していない人が恋愛テクニックの本を読んだとしましょう。「へえ、そうなんだな」と感じられるかもしれませんが、おそらく次の日には多くのことを忘れていると思います。しかし、恋愛を何度か経験して、成功も失敗も経験したうえで恋愛テクニックの本を読むと、「たしかにこういうことがある」「こういう場面で毎回どうすればいいかわからなかったけど、こうすればいいのか！」と、多くの物事を学べるはずです。**経験したことだから得られる知識が多くなる。逆に、まったく経験がないことだと得られる知識が少なくなる。**だからこそ、経験に紐づいた読書ができれば、得た知識を活かしやすくなるのです。

「経験から学ぶタイプ」と「理論から学ぶタイプ」

何かを学ぶ時、どういう方法をとると身につきやすいかという「学習のタイプ」はさまざまです。もっともわかりやすいのは、**「理論から学ぶタイプ」と「経験から学ぶタイプ」**の違い。

前者は、まずは本などで理屈を学んでからやってみるという方法を好みますし、学校の授業もそういう方法がとられることが多かったでしょう。

でも、まずはやってみる、というように、経験から学んだほうが成長しやす

◇読書のPDCAサイクル

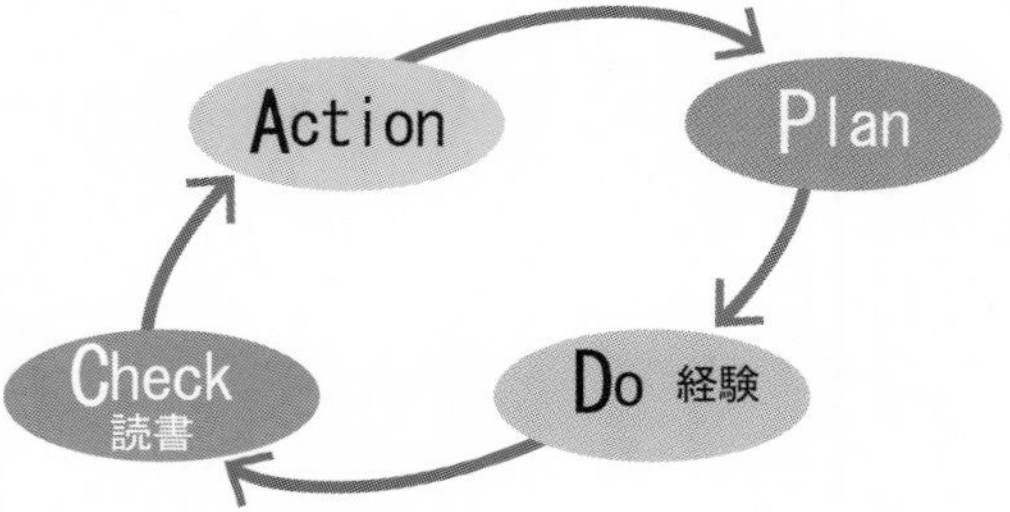

いというタイプも一定数は存在するのです。冒頭にご紹介した、月に1～3冊しか本を読まないけれど多くの知識を得られる東大生は、まさにそのタイプ。彼らは自分の経験を踏まえて本を読みます。**本を、経験から学ぶ助けとして活用している**のです。

もう少し具体的に言うと、彼らは**「自分の経験と照らし合わせて」**本を読みます。たとえば、失敗の経験を受けて「たしかにこういう経験したな、こういう時はこうすればいいのか」と本で解決策を理解し、実践してみたり、知識不足を痛感した経験を受けて「ここまではわかっていたのだけど、これは知らなかったな」と不足分を補ってみたりするのです。ビジネスで言うPDCAサイクル

(Plan・Do・Check・Action) を、読書で回しているわけです。

「経験から学ぶタイプ」の場合、経験がDoで、読書がCheckですね。これにより、より効率的に自分にとって足りない知識を本から補うことができるのです。

新しいことを知るだけが読書ではない

本を読むのは、体系化のためだ――このように話す東大生もいました。

●「この失敗の原因は、あの時の失敗と同じだったのか!」
●「これって経験上すごく理解できる考え方だけど、こういう場面でも応用できる考え方だったのか!」
●「この経験には、学問上こういう名前が付いているのか!」

このように経験と経験をつなげて理解したり、経験の応用法を学んだり、自分が経験したことに名前を付けて理解する――**経験や知識を体系化できるのも、読書の効果**だと言うのです。

「目新しい考え方ではないけれど、体系立てて順序立ててきちんと説明されているが故に多くの知識を得られる本」は数多く存在していますし、一定の評価を得ているものです。たとえば、僕の著書『東大読書』は、東大生に読んでもらうとこのような感想をもらいます。

●「普段から実践していることだし、目新しい読書術ではなかったけど、でもこんな風に体系立てて理解することはなかったので新鮮だった」

まったく知らないことを知るだけが読書ではありません。

自分が経験したことを振り返り、よく知り、体系立てて理解するために、自分の現実に即し

『東大読書』西岡壱誠、東洋経済新報社刊
＊僕が実践してきた読書法についてまとめた本。

た読書をするのも非常に良い効果があるのです。

多くの本を読めばいいというわけではありません。たくさん本を読んだとしても、その情報を活かせなければ読書をする意味はなくなってしまいます。彼らのように、自分の経験と紐づけることで読書の質を高めるという作業も大切なのだと思います。

summary

●「経験」から学ぶために本を活用してみよう。

Section 14

東大生は、なぜ書評を書くのか？

東大式 書評のススメ

東大には、「本」に関わるサークルが本当に多く存在しています。書評を書いたり、文学を研究したり、本について議論したり、そういった「本」をきっかけにして集まっている団体が10個以上存在しているのです。僕が編集長を務める書評誌『ひろば』もそのひとつです。

「そんなに本に関わるサークルがあるんだ」
「やっぱり東大生は、本が好きな人が多いのか」

このように考える人もいるかもしれませんが、実はそういうことではないのです。書評誌『ひろば』もそうなのですが、本が大好きだから本系のサークルに入ったという人はほとんどいません。

むしろ、全然本を読んでなかった、という理系の学生が入ることもかなり多いです。彼らが書評を書く理由を紐解いてみると、東大生の「本」に対する接し方が見えてきます。

東大生に共通する、「アウトプットしたい！」という欲求

読書は、ただ本を読んだだけではインプットでしかありません。ただ情報を仕入れて、それを頭の中に入れるだけの行為にしかならないからです。

「それだけだとちょっと物足りない」

東大生はそのように感じる場合が多いのです。

「せっかく本を読んだのだから、そこで得た情報を使って何かがしたい」と思う東大生が多いのです。

先ほどご紹介したように、東大生は小さい頃から本の感想を話したり、本について深く考えたりすることをしてきました。大学に入ってもそれは変わりません。ただインプットするだけではなく、**きちんとアウトプットまでできる読書**を求めているのです。

「今まで本を読んでいなかった」と語る理系の東大生から話を聞くと、こんなことを話していました。

●「最初はふつうに本を読んでいたんだけど、どこかに感想や解釈をぶつけたくなった」

このような理由で、書評サークルに参加している人が多かったです。誰に言われたわけでもないのに、「ぶつけたい」と感じる学生が多いということは、そこには何か東大生の共通点があると考えていいはずです。

書評は、「読者」をやめる行為だ！

「書評」はアウトプットに最適です。なぜなら、書評を書いている間は「読者」をやめられるから。800字程度で、「その本の何がおもしろかったのか」「どういう点でオススメできるのか」などをまとめて「次に読む人」につなげてみる。たったこれだけで、僕たちは一瞬だけ「読者」をやめて、著者側に足を踏み入れることになるのです。

本を紹介する過程では、「この本は何を伝えたいのか」を考えてみなければなりません。

著者は何を伝えたくてその本を書いたのか？
本当に著者が言いたかったのはどういうことだったのか？

それを、自分なりに仮説を立ててまとめるのが「書評」です。これは、著者から与えられるだけの読者の立場を捨てて、与える側に寄り添って考えてみることにほかなりません。著者の気持ちを考えないと、書評は書けないというわけです。

そして、そういう時に僕らは必ず、**「自分が何を得たのか」**を基準に考えます。自分が著者から何を受け取ったのかを言語化してみて、その中から**「著者が言いたかったであろうこと」**を探ってみる。そうやって著者の気持ちを考えるのです。だからこそ、自分が得たものがなんだったのかということをしっかり考えてみることにもつながるのです。**書評は、「書評を読む人」のためではなく、「書評を書く人の理解」のために行うもの**なのです。

もちろん、はじめから書評が完璧にできる人間はいません。僕も書評サークルに入りたての頃はまったく書けませんでした。しかし、「書く」ことを念頭に何冊も本を読み、またそれに対して色々な人からフィードバックをもらっているうちに、なんとなくコツをつかんで満足できる書評が

書けるようになったのです。これは、ほかの学生でも同じこと。はじめはうまく書けないけれど、やっているうちにうまく書けるようになる。そして、うまく書けるようになると、自然と本からより多くのことを得られるようになるのです。

みなさんもぜひ、本からのインプットを増やすために書評を書いてみませんか？

- 本からより多くのインプットを得るために書評を書いてみよう！

summary

Section 15

今、東大生はなんのために本を読んでいるのか？

東大生と本のリアル

　さて、ここまで東大生と本の関係性について数多くのポイントを紹介してきましたが、そのすべての根本にあるのは**「アウトプット」**と**「能動性」**でした。

　自分で考える訓練として能動的に本を読んだり、自分で本の中にある穴を探し、それを埋めながら読んだり、または読んだ内容から書評を書いてみたり。アウトプットしながら能動的に本を読むのが東大生の本の読み方なのです。

「能動性」と「アウトプット」を語るうえで忘れてはいけないのが「ディスカッション」。**多くの東大生は、「ディスカッション」を目的として本を読んでい**

るのです。

「ディスカッションするための本」とは？

僕は東大に入って『コミュニティデザインの時代』という本を買いました。正直コミュニティデザインには、まったく興味はなかったのですが、購入して、熟読しました。

一体どうしてそんなことをしたのか？

それは、友だちとディスカッションをするためです。

東大の授業やゼミの中には、同じ本をみんなで読んでディスカッションを行うものが数多く存在しています。そうでなくても東大生はディスカッションが好きなので、自主的に集まって同じ本について意見を言い合うことなんかもよくあります。

その中で、「ディスカッションするための本」というのは自ずと決まってき

『コミュニティデザインの時代』
山崎 亮、中央公論新社刊
＊これからのまちづくりの方法と魅力を紹介。

『地方消滅』増田寛也、中央公論新社刊
＊豊富なデータを元に描き出す地域社会の未来、日本の未来。

ます。増田寛也の『地方消滅』、西田幾太郎『善の研究』、新井紀子『AI vs. 教科書が読めない子どもたち』、そして先ほど紹介した『コミュニティデザインの時代』も、東大生がディスカッションする本のひとつ。これらの本を読んでおけば、対面でもSNS上でも、ランチの時でも、飲み会の席でも、本を話題に東大の友だちと話すことができるのです。

「ディスカッションするための本」を読むメリット

こうした「ディスカッションするための本」を読むことには、とても大きなメリットがあります。それは、**ディスカッションを通してインプットとアウトプットを同時に叶えられる**とい

『AI vs. 教科書が読めない子どもたち』
新井紀子、東洋経済新報社刊
＊本書のテーマ「読解力」についても解説。

『善の研究』西田幾多郎、講談社刊
＊西洋的思考の枠組みそのものに問題を提起する。

う点です。

ＡＩについても、コミュニティデザインについても、地域についても、哲学についても、詳しく理解するのには結構時間がかかります。前提として必要な情報が多く、ディスカッションできるほどの知識量を得るためには10冊以上本を読まなければなりません。

そこで、まずはその分野の「ディスカッションするための本」を買う。授業などでその分野を学ぶタイミングで本を買い、みんなで読んで、みんなでその本について思ったことを自由に話し合う。その中で、「ＡＩのこういうところはどうなっているんだろう？」「コミュニティデザインについて、こういう

考えを持ったんだけど、これで合っているのかな？」「論拠になりそうなデータが載っている本はないだろうか？」などと学びを深めていく。そうやってそのテーマの学習を深めた後で、また同様にディスカッションしてみる。ディスカッションで足りなかった知識をインプットして、またディスカッションをしてみる――このように、**アウトプットのためにインプットして、インプットのためにアウトプットしていく**のです。

東大では、授業でもゼミでも自主勉強会でも、「インプット」と「アウトプット」という何かを学ぶうえで欠かせないふたつの目的を、「ディスカッションするための本」を使って、同時に叶えているわけです。

本を読む目的は人によってさまざまですが、このように**「読んだ後」のことを考えて読む**、というのもなかなか効果があります。僕も今では、コミュニティデザインについてかなり熟知することができるようになりましたが、それは『コミュニティデザインの時代』を通して、友だちと何度もディスカッションする中で、自分が理解できていないところに気がついたり、「そういえばこれってどうなんだろう？」と興味を持ったりできるようになったからです。

みなさんも、まわりの人との会話のために本を読んでみてはいかがですか？

Part2でも「ディスカッションするための本」を紹介していきます。

summary

●「インプット」と「アウトプット」を同時に達成するために、ディスカッションのために本を読んでみよう。

Part 2

東大生100人が選んだ
「読解力」と「思考力」を鍛えるブックガイド

東大生100人が選んだ

小学生時代に読んだオススメ本

東大生に「小学生の時に読んでた本とか、オススメを教えて！」と聞いた時に、僕は「もしかしたら小学生の時に読んだ本なんてあんまり覚えていないかもしれない……」と考えていたのですが、実際はそんなことはありませんでした。

たくさんの本を紹介してくれました。

しかも、今読んでもおもしろい本を。

「小学生時代に読んだオススメ本」なんていうと、レベルの低い本を想像するかもしれませんが、決してそんなことはありません。「大人になってから考えさせられるような1冊」ばかりなのです。

僕も、次のページからの原稿を書くにあたって、東大生が小学生の時に読んだオススメの本を読んでみたのですが、大人になっているからこそのおもしろさがたくさんありました。

次のページからは、たくさんの本の中からさらに厳選して、「大人でも楽しめる」「一生涯の1冊になる」本を紹介しています。

どの本も本当にオススメなので、みなさんぜひ読んでみてください。

NO.01

～〝風刺〟として物語を読む～

時雨沢恵一

イラスト／黒星紅白

『キノの旅』

（KADOKAWA／電撃文庫刊）

●「家庭教師をやっているが、教え子にはいつもこの本を読ませる」（教養学部2年）

●「『勉強それ自体』について学べた」（法学部3年）

小学生から読める！「民主主義」「科学革命」「愛と正義」

主人公のキノが、さまざまな国を旅する短編集、『キノの旅』。「子どもの頃に読んだ好きな小説」を聞くと、多くの東大生がこの本の名前を挙げました。「キノの旅は素晴らしかった、今でも読んでいるよ」と。僕もこの作品のファンで、今でも最新巻を買っています。

この本が多くの東大生の心をつかんでいる理由は、**「風刺」**にあるのでは、と思っています。

昔から、スウィフトの『ガリバー旅行記』やセルバンテスの『ドン・キホーテ』など、世の中を皮肉った本は、高い評価を受けてきました。**自分たちが考えている「正しいと信じているもの」が間違っているのではないかとハッとさせられたり、世の中の間違っている部分をユーモアも交えて紹介されて、「たしかにな」と笑いながら自覚させられたり**——風刺には、そんなおもしろさがあります。

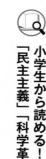

『ガリバー旅行記』ジョナサン・スウィフト、KADOKAWA刊
＊おとぎの国を旅するガリバーの物語。

『ドン・キホーテ』
セルバンテス、岩波文庫刊
＊世界の不正を正す冒険に出たドン・キホーテの物語。

この『キノの旅』は、ひとつの国がなんらかの風刺になっていることが多いです。民主主義や科学革命、金銭といった社会システムや時事的な問題から、大人と子ども、愛や恋、嘘と誠といった抽象的な概念も含めて、現実世界にもある「何か」を題材にして、時に否定し、時に肯定したりしています。

そしてそれだけに留まらず、この本はどこかで毎回「どんでん返し」が用意されています。「まあこういう話なんだろうな」「ああ、どうせこういうエピソードなんだろう」という大方の予想を裏切って、「え!? そういう展開になるの!?」と驚かされます。

予想通りでは終わらないからこそ心に響きますし、また**「当たり前」や「ありきたりな展**

開」を打破しているからこそ、「風刺」としても機能しているのです。

完全な機械化が達成された、仕事をしなくてもいい国に行ったはずなのに、なぜか人々は会社に行っている。人を殺してもいい国に行ったはずなのに、なぜかものすごく治安がいい。ふつうならば考えられないことが起こっていて、そして同様に、オチもふつうには終わらない。そういうおもしろさがあるのです。

議論のネタにつながる〝種〟として読もう

東大生同士で話をしていると、よくこの本の話に行き着きます。民主主義について話している時に「君の考え方だと、行き着くところは『多数決の国』じゃないか」、働き方改革について話している時に「まるで『仕事をしなくてもいい国』みたいだな」などのように、現代の風刺として議論の中に登場させて、会話をもっと発展させていくのです。

正直な話、僕はこうした「風刺として」の読み方なんて、大学に入るまで知りませんでした。ふつうに読んで、おもしろいな、で止まっていました。しかし、議論のネタとして、また現代社会の風刺としての読み方を知った後で読み返してみると、たしかにおもしろさがあるし、得られるものが多いのです。

小学生の時に「これはこのことの風刺だろうな」と読むことは難しいかもしれません。しかし、〝種〟として小さい時に読んでおくことは重要だと思います。

小さな種でも、大人になり、後々勉強している中で、「あれ、今の議論って、『キノの旅』の中で触れられていたような」などと、芽が出て膨らんでいくことがあるのです。いつか必ず出合う世の中のさまざまな矛盾に気づくための土台として、『キノの旅』は強くオススメできます。

また、大人になってからはじめて読んでも気づかされることが多いのも、この本の特徴。まだ読んでいないという方も、ぜひ「風刺としてのおもしろさ」を楽しみながら読んでみてください。

読書の Point!

- 現代社会の何をどう批判しているのかを楽しもう！
- 「時事問題の議論のネタとして使うなら？」を意識しながら読んでみよう。

NO.02

~卓越した世界観から想像力と読解力を養う~

上橋菜穂子

『精霊の守り人』

(新潮文庫刊)

●「小学生のころ何度も何度も読み返したファンタジー小説シリーズ。 世界観のつくり込みがすごい」

(教養学部2年)

●「登場人物一人ひとりの生き方がすごく心に残っている」

(教養学部1年)

文化人類学者が描くリアルとファンタジーが交差する「世界観」

多くの東大生が、小学校高学年のタイミングで読んで「オススメ」としたのが、ドラマ化もされたファンタジー小説『精霊の守り人』です。

文化人類学者としてアボリジニーをはじめとする民族研究を行っている上橋菜穂子が書いた長編ファンタジー小説だけに、この作品が素晴らしいのはその世界観にこそあります。

目に見えないけれど存在している世界。「世界」というものに対して独特の考え方を持つ先住民。それと対立するような、現実的な世界観を持つ征服民族。それとは関係なしに存在する、日本古来の村落を象徴するような村々。それらすべてを混ぜこぜにして、ひとつの物語が紡がれて行く様は圧巻です。

『ハリー・ポッターシリーズ』や『デルトラ・クエスト』のように、異世界が舞台となる児童向けファンタジー小説というのは多く存在しています。しかし、その中でもこれだけ多くの要素が絡み合って世界観が形成されているものはそう多くはありません。

また、小説の登場人物同士であっても「世界」の受け取り方が違うというのも特筆すべき点です。物語の中には、超常現象を受け入れる人も受け入れない人も、自然に対して征服的な見方をする人も逆らえないものとして受容する人もいる。霊を信じる人も信じない人もいて、読んでいる読者に「正しい見方」が提示されているわけでもない。つまり、**受け取り方までも、作品の世界観のひとつとして読者に解釈が委ねられている**わけです。

『デルトラ・クエスト』
エミリー・ロッダ、岩崎書店刊
＊国を救うため少年が冒険の旅に出る。

そしてその**世界観の「つくり込み」**が素晴らしい。

長編で10冊以上も続くシリーズモノなのに設定に寸分のほころびもないどころか、シリーズを重ねるほど「今まで見えていなかった世界」がどんどん出てきます。そしてそれを、まったく違う世界に生きる読者も想像できるように書かれていま

『バルサの食卓』
上橋菜穂子他、新潮文庫刊
＊『精霊の守り人』シリーズに
登場する夢の料理を再現。

す。

たとえばこのシリーズは外伝として『バルサの食卓』という作中で紹介された料理のレシピ本があります。もちろん物語では作中にしか登場しない材料が使われていたのですが、このレシピ本では現実世界の材料で代用しています。文字通り「世界が違う」読者のことを理解したうえで作品がつくられているのです。

さまざまな地域の伝承や現実世界でも起こり得る文化的な衝突を題材にして、こと細かに世界がつくられているために、より重層的で決して「空想のものでしかない」作品では終わらない。こうした点がシリーズの魅力です。

現実社会をより深く知るためのファンタジー

実は、僕は受験生になって勉強している中で「この本を読んでおいてよかった」と思えるタイミングが数多くありました。

たとえば、日本史で民俗学者・柳田國男の話が登場した際、「日本古来の価値観・伝承や文化」がどのように変容していったのか、また「西洋からの価値観の間で揺れている時代に生きる人々の心の動き」など、座学では理解しきれない部分について、「ああ、『精霊の守り人』の世界みたいだな」と想像力を働かせることで、理解が深まっていきました。

ただのファンタジーでは終わらずに、現実世界をより深く知るためのツールとしても活用できるのが『精霊の守り人』のもうひとつの特徴。

児童小説というジャンルではありますが、ストーリーは大人から子どもまで楽しめるものですし、勉強にもなります。

このように、現実と離れている作品だからこそ、より現実を理解するのに役立つという面もあります。「ファンタジーだから」と敬遠するのではなく、「現実に立脚している部分」を探しながら読むことで、現実を知る読書をしてみてはいかがでしょうか。ぜひご一読ください。

読書の
Point!

● 「現実に立脚している部分」を探しながら、極上のファンタジーを味わおう。

NO.03

~複数の視点で物語を読む~

重松　清

『青い鳥』

（新潮文庫刊）

My teacher cannot speak well. So when he speaks, he says something important.
青い鳥
重松清
新潮文庫

●「重松作品の中でも最も好きで、実家から東京に持って来たくらいです。吃音の先生は、たくさんの「ひとり」に寄り添うヒーローだった。そんな感動物語です」

（教養学部1年）

●「重松清は一通り読んだが、やっぱり一番心に残っているのはこの作品の先生の姿だ」

（法学部3年）

小学生時代の葛藤を「子ども」の視点、「大人」の視点で読み解く

もはや児童文学の王道作家と言っていい重松清。

中学受験の国語の問題としてもよく取り上げられており、その影響もあって重松清の作品が心に残っていると答えた東大生は非常に多かったです。

『くちぶえ番長』『小学五年生』など、小学生時代の葛藤や小学生特有の淡い感情を物語にした作品が多い重松清。子どもはもちろん、大人でも、「小学生時代」を経験したことのある誰もが、「たしかに、こんなことってあるよな」と頷きながら読める、共感できる作品が多いです。

数ある重松清作品の中でも東大生が「オススメしたい」と述べていたのは、この『青い鳥』。

実は、個人的には、多くの人は「共感」できないのではないかと思う作品でした。というのは、『きよしこ』や『一人っ子同盟』などほかの作品と違って、登場人物たちの直面している現実がちょっと残酷で、共感よりも同情のほうが

『くちぶえ番長』
重松 清、新潮文庫刊
＊小学四年生の男女の、ちょっと切ない友情の物語。

『小学五年生』
重松 清、文春文庫刊
＊小学五年生の子どもたちを描いた17の短編ストーリー。中学受験にも頻出。

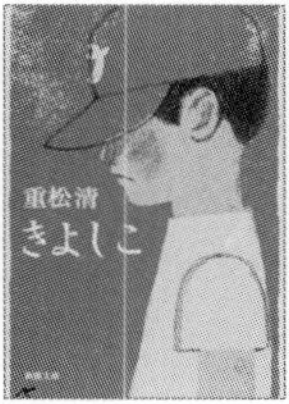

『きよしこ』
重松 清、新潮文庫刊
＊転校生で友だちのいないきよしの成長のストーリー。

先に来てしまうからです。

父親の自殺やいじめ……「自分も経験した」という人は多くはないでしょう。そんな辛い現実を前にした子どもに対して、先生はどう向き合っていくのかを描いた『青い鳥』は、ほかの重松清作品とは少し違って、「小学生・子どもの立場」だけではなくて、それを見る「先生・大人の立場」というものも入っています。子どもの世界を、子どもの世界として描いているほかの作品とは違い、**もうひとつ視点**が増えているのです。「子ども」がどう立ち向かうかだけでなく「大人」がどう導くかということにも焦点が当てられている。吉野源三郎『君たちはどう生きるか』にも通じるところがありますが、「大人」とし

『一人っ子同盟』
重松 清、新潮文庫刊
＊複雑な事情を抱える一人っ子
２人を中心にした物語。

『君たちはどう生きるか』
吉野源三郎、岩波書店刊
＊人としてどう生きるべきかを、
著者が語りかける。

ても「子ども」としても読めるのがこの作品なのです。

子どもが努力する様子を、子どもに感情移入しながら読むこともあるし、大人として成長を見守りながら読むこともある。そして、どちらの立場から読んでも、何かを得ることができる。子どもの成長を読むことで、自分の人生と照らし合わせて**「同じ経験をした時に、自分はどういう反応をするのだろうか？」**と考えたり、大人の視点から読むことで**「自分だったらどういうアドバイスができるだろうか？」「子どもをどう導くのが正解なんだろうか？」**と考えたりしながら読み進める。そして作中の人物がどう対応するのかを知って、「ああ、こうやって行動するのか」「こうアドバイスするのか」

と、それが正しいかどうかはわかりませんが、少なくともひとつの回答を得ることができる。それについてどう感じるかを考え、議論する、という読み方もできそうですね。

「視点読み」の応用を試してみよう

そして、もう一歩進んだ読み方もできます。それは、**「両方の立場に立って読む」**というものです。つまり、大人の視点も子どもの視点も持ちながら読み進め、両方の立場から物事を解釈してみるのです。

「子どもの立場に立つとこの行動は理にかなっているけど、大人の立場から言えば理解できないだろうな」「このアドバイスは、子どもの立場に寄り添っているいいアドバイスだな」と、ふたつの視点を合わせて読むことで、より深く物語を受容できるのです。

もちろん、小学生の時にはそんな読み方はできなくて当たり前です。僕も小学生の頃は、子どもの立場でしか読むことができませんでした。でも、年齢を重ねるごとに、少しずつ大人の視点からも読むことができるようになっていきました。成長とともに新しい発見ができるようになっていく感覚を味わえるのです。そして大学生になって読み返した時、**「子どもの視点も大人の視点も合わせて読む」**ということができるようになっていました。

本というのは不思議なもので、文章は変わらないのに、自分が成長するとともに新しい発見がどんどん生まれていきます。そんな感覚を、『青い鳥』で味わってみてはいかがでしょうか。

読書の
Point!

● 「子どもの視点」「大人の視点」「両方の視点」で読み比べよう。
● 何度も読み返し、自分自身の変化を感じてみよう。

NO.04

~思考と議論の力を育てる~

手塚治虫『ブラック・ジャック』（秋田書店刊）

● 「ブラック・ジャックの生き様は、ある種自分の理想になっている。『ブッダ』と合わせて、生き方や生命の可能性について考えさせられた」（経済学部3年）

● 「命について考えされられた1冊」（教養学部3年）

「ダークヒーロー」から、結論の出ない問いを考える

みなさんは「ダークヒーローもの」「アンチヒーローもの」の作品はお好きですか?

「正義漢」「優しい」といった王道のヒーローではなく、悪役のような立場の人間が結果的に正しいことをしているような、邪道な「ダークヒーロー」「アンチヒーロー」。小説で言えばアレクサンドル・デュマ『モンテ・クリスト伯』、マンガで言えば細野不二彦の『ギャラリーフェイク』や平野耕太『HELLSING』など、ダークヒーローが活躍する作品は意外と多く、また一定の評価を得ています。

そしてそんな中でもやはり一番人気があるのは手塚治虫『ブラック・ジャック』でしょう。

『ブラック・ジャック』で一貫して描かれているのは**「人の価値」**です。それも、ふつうの医療ドラマでは絶対に描けないような、**清濁併せ呑んだ人間存在**

『モンテ・クリスト伯』アレクサンドル・デュマ、岩波書店刊
＊19世紀のフランスで描かれた壮大な復讐の物語。

『ギャラリーフェイク』
細野不二彦、小学館刊
＊贋作専門の画廊のオーナーが主人公のミステリー。

『HELLSING』
平野耕太、少年画報社刊
＊アーカードと吸血鬼の戦いのを描いた物語。

の価値について語っています。ブラック・ジャックがアンチヒーローだからこそ描ける人間の「光と闇」がこの作品のおもしろさなのです。

法外な金額を請求することで、患者やその家族の「覚悟」や反社会的な人間や褒められた職にいない人間の裏側を問う。ただの医者ではない彼の物語だからこそ、命を救うだけでは人を救うことにならないことを教えてくれます。

だからでしょうか。ブラック・ジャックについて東大生と話すと、**「この人物の行動は、正しいか間違っているか」**という議論になります。実際には正しいわけでも間違っているわけでもなく、ブラックでもホワイトでもない「グレー」な部分だったとしても、結論は出ないとわかっていても、それでも議論になるのです。

そうすることで、自分の思考や意見がクリアになります。
「死刑制度は正しいか？」「安楽死を認めるべきか？」など、世界には考えなければならない問題がたくさんあります。「○」「×」で判断できない物事も、非常に多いのです。しかしそんな中でも、議論し、その問題について深く考えるという行為は必要です。**自分の意見を持つことで、社会や世界に対する理解を深めることにつながる**からです。

この本で描かれている問題提起について自分なりの回答を出してみようとする。そういう読み方は、**思考力を鍛える訓練**になるのです。

東大生は議論が好きで、議論という「アウトプット」で知識を自分のものにしているというのはＰａｒｔ１でご紹介したことですが、『ブラック・ジャック』は、作中で描かれるのが偏った価値観ではなく、いいところも悪いところも同様に提示しているという点で議論のネタにしやすいのです。

ブラック・ジャックのように人を救うことが無条件で肯定されているわけではありません。しかし、ブラック・ジャックのようなやり方のほうが結果的に良かったという話もありますし、逆にブラック・ジャックが人を救えない話もあります。ライバルである安楽死専門医のドクター・キリコのことも、彼のやり方が正しいこともあればそうでないこともあるということの両面を描いています。あるいは、2人とも負けてしまう話もあります。**ひとつの価値観に偏ることなく描かれている本作だからこそ、「答え」を探す価値がある**のです。

どちらも答えになる可能性があって、100人が100人同じ答えになることはありません。違う意見も理解できるようにつくられている本作を読む。そして、どちらの意見がより優れているのかを客観的に考えてみる。そんな読み方をしてみませんか？

個人的にオススメしたい議論のテーマは、次の3つ。

- **「『6等星』の椎竹医師は、もっと出世欲を出すべきだったのではないか？」**
- **「『ちぢむ！』の『医者はなんのためにあるんだ』に対する回答は？」**
- **「ドクター・キリコのやっていることは正しいか？」**

これらは子どもだけではなく、大人が議論しても得るものが多いテーマです。「議論はちょっと……」という方は、「もし議論をするとしたら、どう主張するだろう」と考えてみてください。

読書のPoint!

●「グレー」としか言えない問いにあえて「白黒」つけるとしたらどうするか、考えてみよう。

NO.05

～「リアル」を知ることの意味～

中沢啓治

『はだしのゲン』

（汐文社刊）

●「この本から、戦争というものについて深く考えることができた」

（教養学部1年）

●「すごく深刻なのにコメディーチックなところもあって、なかなかおもしろかった」

（医学部4年）

『はだしのゲン』から戦争の「リアル」を学ぶ

言わずと知れた戦争マンガ、『はだしのゲン』。『はだしのゲン』を読んだことのある人って多いと思うのですが、この本がここまで評価され続けている理由は**「現実感」**にあると考えています。

『はだしのゲン』では、戦争や戦争を経験した人間を、過度に悲しく表現するわけではなく、かと言って、悪い面だけを切り取るのでもなく、ただただ現実に即して、コミカルさも織り交ぜつつ物語が進んでいきます。戦争の持つ悲しい側面だけを切り取ることで、「戦争はやめたほうがいい」という結論に至るのが、戦争マンガとしてもっともわかりやすい描き方でしょう。しかし、『はだしのゲン』は、そうした一面的なメッセージだけではなく、ありのままの感覚を大事にしてその時に起こった現実を描写しています。

下品さや残虐さが溢れる描写が多い本作ですが、「これが当時、本当にあった出来事なんだろうな」と思わされる何かがある。そう思わせる力が、この本の持つ「現実感」なんです。**汚いものを隠すわけでもなく、綺麗なものだけをとり上げるのでもなく、ただ「現実」を描写する。**小学生の頃に読む本の多くは「綺麗なもの」ばかりが残されていて、汚いものは消されている場合が多いですが、現実の世の中はそういうものではありません。現実を知るためにも、汚い部分を知らなければならない——それが、東大生からの支持を集めた理由なのだと思います。

現実を知るというのは、読書のひとつの効果です。

僕は東大の授業でこのように習いました。

「文学とは、現実に基盤が置かれていながらも、それを斬新な切り口で言葉にしている作品だ」

現実に立脚し、著者の経験などを混ぜながら語られている文章は多くの場合、誰が読んでも何か刺さるものがあります。著者の感じたこと・経験したこ

『総員玉砕せよ！』水木しげる、講談社刊
＊著者の戦争経験に重ねて描かれた長編コミック。

とに立脚しているのが『はだしのゲン』であり、だからこそ評価されているのでしょう。

もちろん僕にはこの本で描かれていることが本当なのか、誇張はないのか知る術はありません。でも、なんとなく「本当にあったんだろうな」と感じさせる何かがある。水木しげるの『総員玉砕せよ！』もそう感じさせる何かがありましたが、こういう作品を「どこか人間臭い」と表現するのでしょう。

現実離れしていたり、今の価値観で考えればバカだと判断せざるを得なかったりするエピソードでも、**「人間って一筋縄ではいかないんだな」**とスッと受け入れられる。そういう魅力がある本は、今も昔も読まれているのです。

僕は西原理恵子の作品が大好きで、また同じように東大生にも西原ファンが多いのですが、それもおそらく『はだしのゲン』と同じ理由なのだと思います。下品だし、ツッコミどころが満載なのですが、著者自身が「感じたこと」を大事にして書かれている。現実に思ったことからスタートしているので、否定の余地もなくストレートに心の中に入ってくる。『はだしのゲン』も西原理恵子の作品も、そうした**「現実」としての価値**があると思うのです。

社会を知ることや、世の中の見たくないものを知ることも勉強のひとつです。その一環として、読書をすることには多大な意義があります。小学生、中学生のうちに**「現実を知る」ための読書**をしてみてはいかがでしょうか？

大人になってから読むと、より現実と結び付けやすくなるでしょう。たとえば、報道されるさまざまな事件や身のまわりの人間関係と結び付けながら読んでみるのです。

このように大人も子どもの読書を通じて「現実を知り、現実から学ぶ」訓練をしてみてはいかがでしょうか。

読書の
Point!

- 「現実を知る」ことを意識して、リアリティあるストーリーを読み進めよう。

NO.06

~ポケモンで「読解力」を鍛える~

シナリオ/日下秀憲、イラスト/真斗

『ポケットモンスターSPECIAL』

(小学館刊)

●「ストーリーがすごくいい、ポケモンの世界が広がる感じがした」
(文学部3年)

●「小学校から読み続けて、今でも読み続けているシリーズです」
(教養学部1年)

「想像に任せられている部分」を「想像」する楽しさを味わう

この作品は、ポケモンの世界観を踏襲した冒険マンガです。ゲームが題材になっているマンガ作品として有名なものとしては、ほかにも「ドラゴンクエスト」を題材にした『ダイの大冒険』があります。そちらもおもしろいのですが、アンケートの結果、好きなマンガとして『ポケットモンスターSPECIAL』を挙げる東大生が多くいました。

「そもそも、ゲームが題材のマンガっておもしろいの？」

このように考える人もいるでしょうが、この本は本当におもしろい。子ども向けのマンガであるはずなのに、展開やストーリーは考えさせられるものが多く、主人公たちがポケモンとともに成長していく様は、読み応えがあります。

そしてこのマンガのいいところは、**「想像力」を高めてくれる**というところ。ポケモンというゲームは、自分だけのポケモンを育成しながらストーリーを進めていく中で、ポケモンに愛着が生まれていくのが一番の魅力です。これはこれでおもしろいのですが、ゲームのストーリー自体はそこまで重厚で深いものではありません。テンポが重視されているため、詰め込まれている物語の量がそこまで多いわけではないのです。しかし、だからこそ、**ゲームプレイヤーの想像に任せられている部分**が多いわけです。

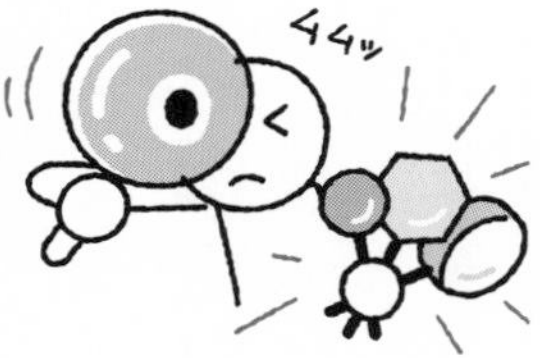

たとえば、ポケモンには、ジムリーダーとの「ジム戦」というものがあります。強いポケモンを使ってくるジムリーダーとバトルするわけですが、そこでの戦いでは、ストーリーとしての展開はありません。戦いが始まる前後にしか会話をしないので、「ジムリーダーがどのようなキャラクターなのか」「バトルの時にどのような会話があるか」などは、想像に任せられているのです。このように**「想像に任せられている部分を埋める」**という、いわば二次創作的な側面を持っているのが『ポケットモンスターSPECIAL』。「こうやって戦っているんだ」と、想像の幅を広げてくれるのです。また、ゲームに登場するキャラクター一人ひとりの人物像も掘り下げて描かれているため、「こう

いうキャラだったのか」と想像するのが楽しくなります。

「想像」は能動的な読書につながる

既存のストーリーに対して、**想像力を働かせて自分の解釈を入れ込む**というのは**かなり能動的な読書法**です。本の中に書かれていないことを自分の頭で想像して補いつつ読解することができるようになれば、何を読んでもより深く理解できるようになります。もちろん、教科書も例外ではありません。

たかがゲーム、たかがマンガの話と感じるかもしれませんが、自分の頭で想像して、何かを補うという経験はそんなに多くはありません。そもそも、**何かを想像して補おうと思う「きっかけ」が、なかなかない**のです。「補って考える」というのは、読解力の源泉となるもの。その「きっかけ」となり得るという意味でも、この本はオススメです。

『ポケットモンスターSPECIAL』は、原作の価値観を損なわないように配慮しながらも、キャラクターやストーリーの改編が行われているという点も魅力のひとつ。大胆でありながらも配慮されているので、原作のおもしろさを損なうことなく、なおかつ想像力を掻き立てられる。そういう素晴らしさがあるので、子どもはもちろん、大人でも、ポケモンのゲームをやったことがある人ならば、全員にオススメできる1冊です。

「どうせ子ども向けでしょ?」「あまり役に立たないんじゃないの?」などと思わずに、一度読んでみませんか?

読書のPoint!

- ポケモンの細部を想像しながら読むことで、能動的な読書をしよう。

東大生100人が選んだ

中学生時代に読んだオススメ本

中学生というのは、多感な時期です。

「中二病」なんて言葉もありますが、感情が整理されなかったり、不思議な自信がわいてきたり、あるいは逆に無性に悲しくなったり……。大人になってもそういうタイミングがあると思います。

そして、そんな複雑な感情を抱えている時にこそ「読んで楽しい本」がたくさんあるのです。

今回紹介するのは、そんな複雑な感情を抱いた時にオススメの本です。


注目していただきたいのは、「視点」。

こうした複雑な感情は、「相手の気持ちがなかなかわからない」から起こることが多いもの。

「自分以外の誰か」になるという体験をするために、本を読んで「他人」の視点を得るわけです（この辺りの理屈は、Ｐａｒｔ１でもお伝えしましたね）。


すでに大人になった方も、「自分がもし中学生の時に読んでいたら……」と想像しながら読んでみてください。

NO.07

〜「情報をつなげる力」を鍛える〜

伊坂幸太郎

『魔王』

(講談社刊)

● 「「考えろマクガイバー」というセリフがあるが、そのおかげで自分が東大に来た気がする」(教養学部1年)

● 「シューベルトの『魔王』をかけながら読んだ。絶妙な引用がすごく好き」(教養学部2年)

「引用」から「情報をつなげる力」を鍛える

伊坂幸太郎が「今まで自分が読んだことのない作品が書きたかった」と言って書かれたのがこの作品。ファシズムや人間の「流されやすさ」について描かれた『魔王』は、考えさせられることが多く、僕もとてもおもしろく読みました。

この作品がほかの作品と一線を画すのは、「引用」です。たとえばタイトルの『魔王』はシューベルトの有名な楽曲「魔王」から付けられており、作中でもこの「魔王」が引用されています。また、宮沢賢治の『注文の多い料理店』が登場したり、ジョン・レノンの「イマジン」が歌われたり、作中の人物がヒトラーやムッソリーニにたとえられたりと、さまざまな場面で名作や名言の引用がなされるのです。

引用や抜粋が多用される作品は、独特な魅力があります。たとえば、僕が読んだ本で言うと、川村元気の『億男』では、お金に関する名言が引用され、お金に関してより多角的に捉えることにつながりました。

引用や抜粋は、古くから行われていたことでした。たとえば、14世紀に書かれたダンテの『神曲』においても、それ以前の時代の物語や神話から引用された登場人物が数多く登場します。**引用や抜粋は、作品により重厚で深淵な世界観を与えてくれます。**過去の作品で描かれた表現を引用することで、価値観をより深く伝えることができます。また、多くの著者に語らせるという効果もあるため、多面的な理解にもつながります。引用や抜粋は、作品の価値を上げることに大きく貢献している場合が多いのです。

そしてこの『魔王』における引用のしかたはとても素晴らしい。宮沢賢治の言葉を絶妙なタイミングで引用し、主人公を「魔王」の子どもと重ねることによってより強いメッセージ性を持たせている。こうした「引用のうまさ」に惹かれて、多くの東大生が「この本は読むべきだ」と語っていました。

『億男』川村元気、文春文庫刊
＊宝くじで３億点が当選し、「億男」になった主人公の物語。

というわけで、この本は、**「引用」に注目して読む**、ということをオススメします。**どのような引用がなされていて、どのようにその作品の展開を補強しているのか**を考えて読むのです。

「何かと何かをつなげて読む」というのは読解力を向上させるのにとても有効です。**「あの本でも同じことが書いてあった」「この価値観って、あの本そっくりだ」**といった具合に、ほかの本と比べて読むことで、目の前にある文章が、より読みやすくなります。目新しい情報よりも、前に読んだことのあることとつなげたほうが、理解しやすくなるからです。こうした、**すでに持っている情報と「つなげる」訓練を、「引用の意味を考える」ということで行うことができる**のです。

『魔王』の引用の妙を体感しながら、訓練をしてみてください。

読書のPoint!

● どうしてここでこの引用がなされたのか、「引用の意味」を考えながら読み進めよう。

NO.08

〜「当事者」として
歴史を考える〜

司馬遼太郎

『坂の上の雲』

（文春文庫刊）

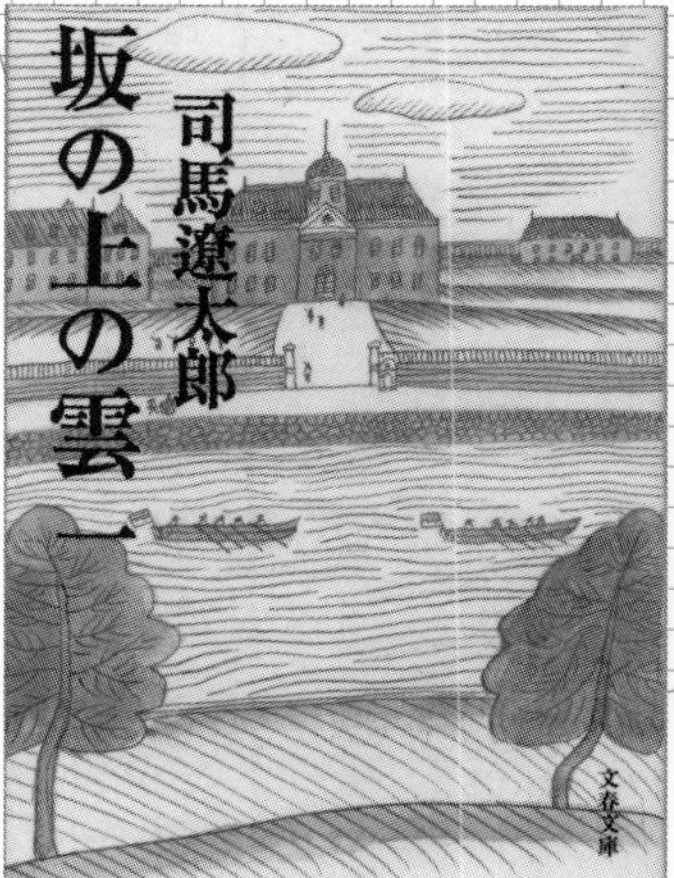

●「本当かはわからないけれど、物語の中に描かれる明治初期の日本人像にあこがれた」（法学部3年）

●「中学生の時に夢中で読み進めた。自分もこんなふうになれたら……と思う」（法学部3年）

歴史の「当事者」になる楽しさを教えてくれる本

言わずと知れた大人気歴史小説、『坂の上の雲』。

日本が明治維新から日露戦争で勝利するまでの苦難と、それを支えた日本人の魂を描いた小説ですが、この本を読んで日本史や世界史が好きになったと答える東大生が非常に多くいました。

僕もこの作品がすごく好きなのですが、やはり日本人として、この時代の人々が列強と戦っていく様子は心に響くものがあります。何もかもが劣っていた時代から、必死で日本を大国にするために奮闘した彼らの姿は、読んでいるだけで「自分もがんばらなければ！」という気分にさせられます。

この作品のおもしろさは、日本人という自分と共通点のある人物が必死に前に進もうとする姿を**自分たちに重ね合わせられること**にあると思います。日本史の教科書を、「自分がこの時代にいたらどうするだろう？」と考えながら読む人は少ないと思います。しかし、『坂の上の雲』は違います。

「この状況に自分が置かれたとして、自分はどうやって価値を発揮するだろうか？　日本を強くすることに貢献できるだろうか？」

「この時代に自分がいたとして、この人たちと同じような画期的な考え方ができただろうか？」

いつの間にか作品に引き込まれ、読者もこうした当事者意識を持ちながら読み進められる。これは大きな魅力です。

東大入試でも問われる「当事者意識」とは？

「自分だったらどうするか」という想像力は、歴史を勉強するうえで非常に大切なものです。

たとえば、「モールス信号が発明された」と教科書にひと言書いてあっても「へぇー」としか思わないかもしれません。でも、当時の人になったつもりで考えてみると、受け取り方はまったく違うものになります。

それまでの時代、情報を届ける手段は手紙が中心でした。その人のところに

行かなければ、情報を伝えることはできなかったのです。でも、「モールス信号が発明された」おかげで、離れたところにワイヤレスで情報を届けることができるようになったのです。もしかしたら、モールス信号が発明されたおかげで、大切な人の危篤をすぐに知ることができ、最期に会えた人がいたかもしれません。このように、現代の私たちにとっては計り知れない価値を、その時代を生きた人たちは感じていたのです。

このように、**「自分がこの時代に生きる人間だったら」**と想像力を働かせたことのある人にしか見えないものがある――それが、歴史を学ぶうえで大切なことなのです。

この**「当事者になったつもりで考えてみる」**というのは、実は東大の入試問題でも求められます。

東大の日本史では、**「あなたがこの歴史上の一場面にいたとして、この意見に対してどのように反論しますか?」**という問題が出題されたことがあります。また、大学の授業では**「この場面に遭遇したらどのように行動しますか?」**という歴史の問題が出たこともあります。

「自分で考える力・思考力を問う」のが東大の入試問題。**「自分だったらどうするか」**というのは、そんな東大の考え方にリンクしているのです。

『坂の上の雲』を読んで歴史が好きになった東大生は、きっとこの本を読んで**「歴史の当事者」**になったのではないでしょうか。

当事者になって教科書を読んだから成績も上げることができ、また自分で考えるということも自然と訓練できた。そんな経験をしてきたのです。そういう意味で、この『坂の上の雲』は東大生をつくった本だと言えるのかもしれませんね。

読書の
Point!

- 「もしこの時代に自分がいたら何ができるか」という視点で読み進めてみよう。
- 「歴史の当事者」になる楽しさを味わってみよう。

NO.09

～プライドをぶち壊す～

筒井康隆

『壊れかた指南』

（文春文庫刊）

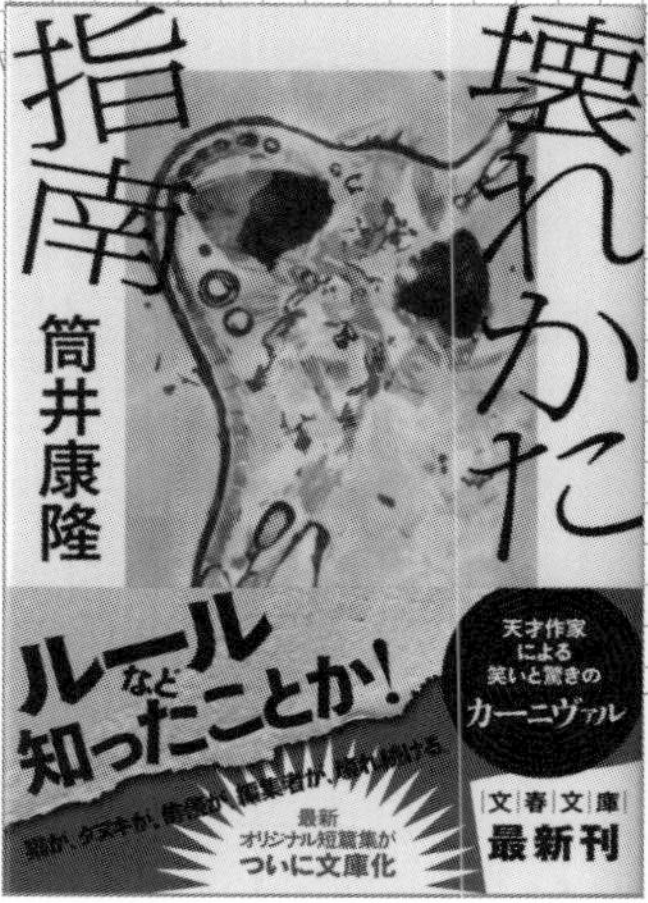

●「この本を読んで、無事壊れられた」（教養学部2年）

●「よくわからないけれど心に残っている。よくわからないけれど」（教養学部1年）

「わからない」がなければ読書じゃない！

「無事壊れられた」「自分の価値観を広げるきっかけになった」と答える東大生が多かったのがこの本、『壊れかた指南』です。

30種類の短編で構成されていますが、とにかくはちゃめちゃ。物語ですらない、「ストーリーはどこにいったんだ？」という展開がたくさん用意されている、よくわからない短編集です。**展開が読めず、解釈もできない。だからこそ、読んだ時に「壊れる」という感覚が生まれる。**それがこの本の魅力です。

人間は、自分たちが理解できないものと出合った時に、それに名前を付けたり何かと結び付けて考えたりして「既知」のものにしようとします。しかし、本当に未知の体験をしてしまった後だと、自分の価値観や考え方を壊さなければなりません。壊れてからもう一度組み立てることで、未知のものを既知にできるようになる。シュールレアリズムの絵を鑑賞する時などに起こる現象ですね。同じような経験を与えてくれるのがこの『壊れかた指南』なのです。

道満晴明の『ニッケルオデオン』という作品もよく似ています。今まで読んできたどのパターンにも当てはまらず、「な、なんだこれ？」とわからない体験ができる。そんな本だからこそ、価値観が大きく広がるきっかけになるわけです。

知っている価値観・知識・情報に出合うだけが読書ではありません。**何が何だかわからないものに出合って、「？」を浮かべる。**そんな**「未知との遭遇体験」も読書から得られる学び**だと思うのです。

だからこそこの本を読む時は、「わからない」こととしっかり向き合ってみてください。「これはなんだろう？」と疑問を浮かべることを自覚的に行ってみましょう。ふつうならそこで答えを求めてしまうわけですが、**疑問を持つことができれば完成**です。

むしろ、**疑問が浮かばない読書ではいけない**と僕は思います。何を読む時にも言えるこ

『ニッケルオデオン赤』道満晴明、小学館刊
＊ショートの妙手が描く8ページの不思議なマンガ集。

© 道満晴明／小学館

とですが、受動的に「そうなんだ」と受け容れながら読むことよりも、能動的に**「これってなんでなんだろう？」**と自分の頭で考えながら読むことで読書の質を高めることができます。この本で言うならば、**「わからない！」と思って読む**ことで、より深く入り込むことができるのです。

僕もそういう経験があるのですが、「わからない」ってすごくネガティヴに捉えがちですよね。わからないよりもわかっているほうがいいし、プライドもあるから、「できない」とはあまり言いたくない……。そんな気持ちはわかります。でも、**「わからない」「できない」と認めなければ、それ以上、成長することはできない**と思うのです。授業の後に質問に行く生徒は、成績が上がる場合が多いですよね。積極的に自分の疑問と向き合うことで、理解を深め、実力を高めていくのでしょう。『壊れかた指南』は、そういう「わからない＝悪」の価値観を壊してくれます。**「これだけわからないものなんだからわからなくていいんだ！」**と、素直に思えるようになるだけでも読む価値はあると思います。

読書の Point!

- 「わからないものはわからない!」と開き直って読み進めよう。

NO. 10

～「マクロ」と「ミクロ」の～

視点移動を鍛える

ラルフ・イーザウ

『暁の円卓』

（長崎出版刊）

●「児童書ながら大人でも十分に楽しめ、ファンタジーとしても非常に優れているし、20世紀世界史の勉強にもなります。もっと評価されるべきだと思います」（教養学部1年）

●「日本が大きく絡む外国の児童文学ファンタジー。ラストがすごく良かった」（教養学部1年）

激動の20世紀をマクロの視点で学ぶ歴史ファンタジー

「歴史はくり返す」という言葉の意味を考えさせられる本だな、と僕は『暁の円卓』を読んで思いました。

「歴史ファンタジー」と銘打っているこの作品は、ほかのファンタジー小説とは一味違います。1900～2000年までの100年間の命を与えられた主人公が、歴史の闇の中でうごめく秘密結社と戦っていきます。さまざまな歴史上の人物や出来事が登場し、主人公の視点から、その時代を生きた人々の考えが検証されていきます。

第一次世界大戦、第二次世界大戦に、インドの独立、朝鮮戦争、そして地下鉄サリン事件……。20世紀という激動の時代を、独特の目線で解釈し描き切っており、歴史とファンタジーの融合が秀逸です。

この物語で描かれる歴史観には、先ほどもお伝えした「歴史はくり返す」

に、「末法思想」が融合されているように感じます。

宗教や政治はいつの時代も同じように推移して、人々を脅かすものになる。つまり、本当は大切にされるべき倫理観や道徳心は時が過ぎるにつれてどんどん地に落ちていく。精神性ではなく経済性で物事が図られるようになり、二度の大戦を経て、それでもまだ戦争が発生していく。失敗をくり返しながらも、どんどん悪い方向に向かっていったとも取れる20世紀を、著者は小説という形で描き切りました。

この作品を読んだ東大生は、「マクロの視点を勉強できた」と語っていました。つまりは歴史の大きな流れ、世界という広い事柄を自分なりに解釈する訓練になったのがこの作品だと。

「マクロ」と「ミクロ」の視点移動

『暁の円卓』のおもしろいところのひとつは、著者が「地下鉄サリン事件」から着想を得てこの作品を描き始めたという点。

著者はドイツ人ですが、物語は日本からスタートし、世界を見て、大戦を経て、そして日本に戻ってくる。日本の出来事というミクロの視点からスタートして、それを「20世紀」という文脈に当てはめて考えた時に、見えてきた世界観がこの小説で現れているわけです。

この作品を読む時は**「歴史」という大きな（マクロの）文脈と一つひとつのミクロの「出来事」を比べながら読む**ことをオススメします。すべての出来事には背景があって、大きな流れの中に組み込まれている。それが何なのかはわかりませんが、しかしすべては全体の中の一部でしかなく、また全体も一部の出来事によって形づくられている。

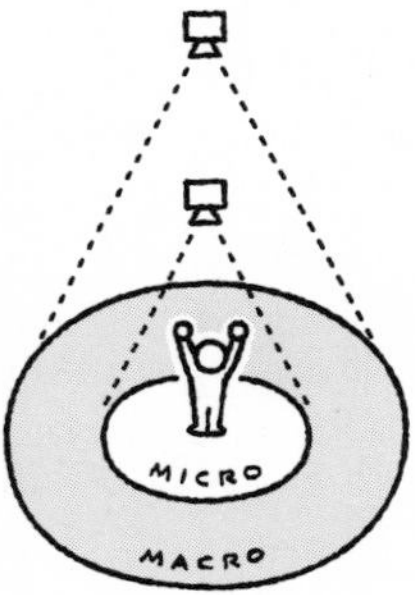

全体と部分を往還することで読解力が上がることは、Part1でもご紹介しましたが（82ページ）、『暁の円卓』は、そういう**「マクロとミクロの往還」**を鍛えるのに適した作品なのです。

ひとつの出来事を題材としながらも、その背景を考えると大きな流れを見ることができる、という本も多いです。とりわけ歴史の物語ではそういう作品が多いように感じます。

たとえば、森薫の『乙嫁語り』（88ページ）でも、遊牧民の生活を描きながらもロシアの南下が作品全体に黒い影を落としていました。

読解力を鍛えるトレーニングとして、みなさんも、マクロとミクロを意識しながら、本書を読んでみてはいかがでしょうか。

読書のPoint!

● 「歴史の流れ」（マクロ）と「一つひとつの出来事」（ミクロ）を行き来しながら読み進めよう。

NO. 11

~巧みな「視点」の演出から「想像力」を鍛える~

宮部みゆき

『模倣犯』

(新潮文庫刊)

● 「あるひとつの事件を加害者視点・被害者視点・後日談など詳細に叙述してあり、考えさせられる作品です」(教養学部2年)

● 「目まぐるしく変わる視点の中で描かれる物語。中学の時に読んで小説にどハマりするきっかけになった1冊」(経済学部3年)

巧みな「視点」の演出を味わおう

さまざまな視点から描かれる物語が重層的な『模倣犯』。

名作が多い宮部みゆき作品の中でも、特に東大生が「ぜひ読んでほしい」とオススメしていたのがこの本でした。東大生の中で、ほんとうに人気が高くて、よく飲み会でもこの本の話になるくらいです。

宮部みゆきは、**「視点」**を演出する天才です。

『長い長い殺人』では「登場人物一人ひとりの財布」が語り手になるという前代未聞の視点で読者の度肝を抜きました。『火車』では犯人の思考を追い続け、犯人の視点を徹底的に考え抜く主人公の姿が印象的でした。

宮部みゆきの作品はすべて、物の見方が巧みで、一人の視点で終始せず複数人の物の考え方・見方が登場しています。そして、そんな**「複数の視点」**で読者を楽しませる宮部みゆきの真骨頂とも言えるのが、『模倣犯』なのです。

犯罪の被害者と加害者、二人の視点からひとつの事件を描写することで、平

『ジェノサイド 上』高野和明、角川文庫刊
＊まったく別々の世界で生きる二人の視点で描かれる物語。

『ライト・マイ・ファイア』伊東 潤、毎日新聞出版刊
＊「よど号事件」を題材に、現代史の闇に迫る。

穏な生活を生きるはずだった人々と、自分を「天才」と称する犯人とを描き、対称的な双方の思考・考え方を提示していく本作。ラストの犯人の選択に至るまでの過程は秀逸です。

ふたつの視点で展開する物語は、決して珍しいわけではありません。高野和明の『ジェノサイド』や伊東潤の『ライト・マイ・ファイア』など、立場が異なるふたつの視点でひとつの物事を見ていく物語は、その多面的な世界観が高く評価されています。こうした描き方によって、ひとつの視点では気づくことのなかった事実が浮き彫りになる。これが、**多視点によって描かれた物語を読む楽しさ**なのです。

しかし、単に楽しいだけではないのが、物語の持つ力。こうした複数の視点で描かれる本を読んでおくと、どのような本を読んでも、「さまざまな立場」から読むことができるようになります。

たとえば、推理小説の犯人が登場した時に、「この人物は今までどのような価値観で動いてきたんだろう？」と考えると、探偵の推理に別の意味や解釈が生まれることもあります。立場が多くなればなるほど、物語は多面的でおもしろくなるのです。

そしてこれは、Ｐａｒｔ１で述べたような、**他人の立場に立って想像する力（37ページ）を鍛える**ことにもつながります。他人の立場に立って想像する力がどれだけ大事かは、もうおわかりいただいていますね。

ほかの人の立場を知り、その人の気持ちを想像する——『模倣犯』で、「視点」を大切にして物語を読むことで、勉強でも仕事でも欠かせない想像力を鍛えてみませんか？

読書の
Point!

● 複数の視点で描かれているからこそ、「相手の立場」を想像しながら読んでみよう。

NO. 12

~教科書には描かれない「人の心理」を読む~

坂本眞一

『イノサン』

（集英社刊）

●「絵が綺麗だな、と思って手に取ったが、予想以上にハマった。世界史選択としては、よくぞこの時代を選んでくれた、と言いたくなる時代のチョイスだった」（経済学部3年）

●「シャルル＝アンリ・サンソンについてはほかで知っていたが、この本でより詳しく知れた。世界史選択なら読んで損はないと思う」（教養学部2年）

歴史の裏側に隠れた「人の心理」を読み解く

数多く存在する歴史を題材にしたマンガの中でも、特に東大生が「読んで役に立った」と述べているのが、この『イノサン』です。

高校生になって世界史を勉強する際に、必ず時間をかけて勉強する世界史上の大事件、「フランス革命」。受験でも一大テーマとして取り上げられますが、教科書を読んでいるだけでは、フランス革命でどのような出来事が起きたのかはわかったとしても、**なぜその出来事が起こったのか、どういう心理で人々が行動したのか**はなかなかつかめません。

僕もそうでした。教科書で「フランス革命」を勉強しているだけでは、みんなが自由と平等を求めただけだったはずなのに、なぜあんなに多くの血が流されてしまったのか、わからないままだったのです。

しかし、この本を読むことで、フランス革命が一気に理解しやすいものへと変わるでしょう。

『イノサン』というマンガは、「フランス革命に一番人生を翻弄された男」、シャルル＝アンリ・サンソンの人生を描いた物語です。「ギロチン」を発明し、世界で二番目に多くの処刑を行ったとされる死刑執行人。マリー・アントワネットもルイ16世も、彼が処刑しました。しかし、彼自身は死刑反対派であり、ルイ16世の熱心な信奉者でもありました。

世界史で習っている出来事が、一体どういう意味を持つのか？　その出来事に立ち会った人々は、一体どんな気持ちだったのか？　このマンガを読んで、矛盾と悲劇に彩られた彼の人生を知ることで、そんな**「学問の裏側」**を知るきっかけになります。

『イノサン』を読んだ東大生の感想に、こんなものがありました。

●「フランス革命の勉強をしていた時に、『なんでこんなに多くの人が処刑されたんだろう？』『どうして権力者たちがこんなに代わる代わる処刑されていったんだろう？』と疑問だった。でも、このマンガを読んで答えがわかった。この時代の処刑は、『見世物』だったんだ」

現代の死刑執行は、誰にも見えないところでひっそりと行われます。しかしこの時代、処刑は「娯楽」だったのです。「死」というものを、「処刑」という行為を、大衆の娯楽として多くの人の前で行っていたのです。そして、そんな「舞台」のスターこそが、本作の主人公・処刑人シャルル＝アンリ・サンソン――この残酷な空気感、処刑という行為にまつわる人間の心理のすべてを、『イノサン』というマンガは描ききっています。「正義」のために、「自由」のために、「娯楽」として人殺しをしなければならない心優しい主人公の前に立ちはだかる、さまざまな苦難と困難……。そして時代は、後の世界に大きな影響を与える「革命」へと移っていきます。自由と平等のために、なんの罪もない人々が3000人も処刑された、「フランス革命」が始まるのです。

『乙嫁語り』
森 薫、KADOKAWA 刊
＊19世紀中央アジアの文化・生活を描く。

受験のためには、世界史でもなんでも、教科書に書いてあることをただ事実として丸暗記するしかない。もしくは、そのようにして勉強してしまって、今となってはあまり思い出せない――そんな方にこそ、この本を読んで、**「事実」として語られる歴史の裏側にあった人間の心理**を読み取ってもらいたいと思います。

また、この本が気に入った方には同じように**教科書の裏側**を教えてくれる森薫の『乙嫁語り』もオススメです。世界史において「そこが知りたかった！」と受験生なら誰でも一度は考えるところを的確に拾ってくれているマンガです。『イノサン』と似ていますが、こちらは「恋愛」というもっと身近なテーマのため、より深く、より楽しく歴史を知ることができます。こちらも併せて読んでみてください。

読書の
Point!

● 歴史の教科書などで語られる「事実」と、本作に出てくる登場人物たちの「心理」を比較しながら読み進めよう。

NO. 13

～「自己責任」の意味を知る～

内田　樹

『先生はえらい』

（ちくまプリマー新書刊）

●「先生を舐め腐っていた僕の脳天をかち割ってくれた１冊」

（経済学部３年）

●「本筋も良かったけど、蛇足の小話が超おもしろかった。できれば中学時代に読んでおきたい」

（教養学部２年）

「学び方」を学ぶ1冊

　私たちは、つい他人のせいにしがちです。それが顕著なのは中学時代。「英語の成績が悪いのは先生の教え方が悪いせいだ」「あいつのせいで俺の人生はうまくいかない」「なんの才能もない自分を産んだ親が悪い」など、幼さと反抗期が相まった「勘違い」をしてしまいがちです。しかしこの本では、誰も否定することなく、ただ「先生はえらいんだ」ということを納得させてくれます。

「どんな先生からでも学ぶことができる」
「学べるか学べないかは、自分次第なんだ」

　ついつい誰かのせいにしがちな僕たちに、**「自己責任」**という言葉をやんわりと教えてくれるのがこの本です。受動的に、与えられたものを何も考えずに

受け取ることに慣れている僕たちに、能動的に動くことを、**「自分で考えて前に進まなければならない」「実は先生のせいにはできないんだ」**ということを教えるのがこの本なのです。そういう意味では、中学生に限らず、「上司がまったく尊敬できない」などと職場に不満を抱える新入社員や若手のビジネスパーソンにもオススメかもしれませんね。

本というのは、何かを「学ぶ」ためにあるものです。明日、何かに活かすために役立つのが読書という行為の効果です。

しかし、「学ぶ」のは知識だけではありません。この本は、単なる「知識」だけではなく、**「学び方」や「学ぶ姿勢」も学べる本**です。「学び方」は学校ではなかなか教えてもらえません。そもそも、英語、数学、国語といった科目以前に、「どう学べばいいのか」という根本的なことに触れる機会って、ほとんどないのです。だからこそ、「学び方」を学べる本は、それだけでとても価値があります。

しかも『先生はえらい』は上から目線ではありません。誰かを否定することも、誰のせいにすることもなく書かれています。ふつうなら「先生はえらい」なんて言われたら否定したくなってしまいますが、すんなりと内容が入ってくるくらいに目線が下げられている。そういう不思議な魔力のある本なのです。

僕がこの本に出合ったのは、高一の時でした。中学時代に出合っておきたかった、そう何度も思います。中学時代は、僕もずっと誰かのせいにして生きてきました。でも、この本を読んで「ああ、先生ってえらいんだ」と素直に納得。そこから、誰かを否定したがる自分が現れるたびにこの本を読んで、「自己責任」だと思って生きていますし、今も、半年に一回は読んでいます。

「学び方」を学ぶなんて、意味がないんじゃないかと思う人もいるかもしれませんが、この本に習えば**「何を学び取れるか」は「本人の自由」**。ぜひ、読んでみてください。

読書の
Point!

- 「他人が悪い」と思う時こそ読んでみよう。
- 「何を学び取れるか」を楽しみながら、読み進めよう。

NO.14

~答えのない問いに向き合う知恵と勇気~

林 望

『知性の磨きかた』

（PHP研究所刊）

●「家庭教師をやっているが、教え子にはいつもこの本を読ませる」（教養学部2年）

●「『勉強それ自体』について学べた」（法学部3年）

「学ぶ意味」を学ぶ

「学び方」を学ぶと同時に、もうひとつ、早い段階で学んでおきたかったと感じることがあります。それは、**「学ぶ意味」**です。学び方がわかったとしても、**「どうして学ばなきゃいけないの？」**ということがわからないと、勉強のモチベーションなんて生まれるわけがないのです。

しかし「どうして学ばなきゃいけないの？」という問いに対して完璧な回答というのはないのだと思います。どれだけ「学ぶことには意味がある」と語ったところで、今やっている目の前の勉強に意味を見出せるかは本人次第だからです。

実は友人の東大生に、**「なんで勉強しなきゃならないかを知るために東大に入った」**という人がいます。この問いに対する回答を求めて勉強する、という人間もいるほど、簡単に答えが出せるものではない奥深い問いなのです。

この『知性の磨きかた』は、そんな「学問とは何か？」「学問をする意義とは？」という問題に対する回答の一例を示してくれる本であり、またその問いに対する自分なりの答えの探し方を教えてくれる本でもあります。

　僕がいいなと思ったのは、**自分なりの回答を出そうとすることを「良し」としてくれる**こと、そして、こうした問いに対して偉人や知の巨人たちはどのように立ち向かったのかを教えてくれることです。ただひとつの回答をビシッと教えるのではなく、**考えるきっかけ**をくれるのがこの本なのです。

　読書は知識を得るという「魚を釣る」行為だけではなく**「魚の釣り方を知る」**行為でもあります。

「どうして勉強しなきゃならないのか」という問いは、誰もが一度は考えたことがあるでしょうし、親御さんも子どもに聞かれてどう回答すればいいか思い悩む問題だと思います。しかしこの問題、**そもそも普遍的な正解なんてありま**

せん。

全員が納得する答えがない問題が世の中には多く存在します。そういう問題にぶつかりがちなのが、中学生から高校生の時期。そんなタイミングで、「魚の釣り方」を知り、答えのない問題を考えるきっかけを得るというのは、その後の人生にきっといい影響をもたらしてくれるはずです。

『16歳の教科書』
7人の特別講義プロジェクト、講談社刊
＊各分野の第一人者から中高生へのメッセージ集。

そうした「魚の釣り方」を知る本としてほかにオススメなのは、『16歳の教科書』。この本も「なぜ勉強するのか」が盛り込まれたもので、「正直勉強そっちのけで受験勉強の最中に読んでいた」という東大生もいました。

もちろん、普遍的な正解がない問いは、大人になっても絶えず出てきます。そんな時にもこれらの本はヒントを与えてくれることでしょう。

読書のPoint!

- 「答えの出ない問い」と立ち向かうには何が必要かを読み取ろう。

NO. 15

~「知識と知識がつながる感覚」を体験する~

茂木　誠

『図解 世界史で学べ！ 地政学』

（祥伝社刊）

ベストセラー書籍が
大型図解版になって登場！
図解
世界史で学べ！
地政学
世界で多発する紛争の原因がひと目でわかる
茂木誠 編著
イギリスの離脱でEUは崩壊する？
アメリカはなぜ内向きになりつつあるのか？
トルコはなぜ欧米に背を向けたのか？
日本は中国の海洋進出に対抗できるか？
祥伝社

●「茂木誠先生の本の知的なおもしろさはすごいと思う。その中でもこの本は読みやすいしオススメできる」

（教養学部2年）

「つなげる訓練」をしてみよう

リベラルアーツだなんだと、「教養教育」が叫ばれて久しいですが、そもそも教養とはなんでしょう。

僕は教養とは**「つなげる力」**だと考えています。

多くの東大生を見ていて思うのは、**「何かと何かをつなげる能力」が非常に優れている**ということ。ある学問と別の学問を結び付けて考えられるから理解度が段違いですし、新しいことを学ぶ時も既知の事柄と結び付けて考えるからすんなりと頭の中に入れることができる。そういう「つなげる」能力こそが教養だと思うのです。だから、「つなげる」ためのネタを集めるために広く浅く知識を身につけて、「学びの土壌」をつくることが大切なのです。

でも本当に教養を身につけるためには、**これまでに学んだ知識と知識を「つなげる訓練」**も欠かせません。「オススメの本は?」と聞いた時、そんな「つなげる訓練」をするための本を答えた東大生が非常に多かったのは、そのせい

『経済は地理から学べ！』宮路秀作、ダイヤモンド社刊
＊人気予備校講師が「経済」と「地理」の関係を紐解く。

『経済は世界史から学べ！』茂木 誠、ダイヤモンド社刊
＊歴史から経済のしくみを読み解く44のストーリー。

でしょう。

この『図解 世界史で学べ！ 地政学』もまさにそんな1冊。世界史と地政学とを結び付けて考えるものです。片方の知識を足がかりにしてもう片方の知識を得ようとしてみる。これこそ「つなげる」ための訓練です。

ほかにも、『経済は地理から学べ！』『経済は世界史から学べ！』という本もありますが、これも実は「地理や世界史を足がかりにして経済を学ぶ」という、いわば教養を得るための訓練ができる本です。

ここでご紹介する『図解 世界史で学べ！ 地政学』は中学生でも背伸びをすれば読めてしまう内容になっています。世界史は中学生までに、一通りの流れを学びます。また、歴史はストーリーでつかむこともできるので、暗記が苦手でも好きになれる科目でもあります。さらに、図解で説明されているからわかりやすいし、イメージしやすいです。

「そうは言っても、さすがに中学生には早すぎるんじゃないか？」と思う人もいるかもしれませんが、大事なのは内容を理解することではありません。**「つなげて勉強できるんだ！」という感覚を体験する**ことが、とても大切なんです。多くの中学生の場合、まだ知識量が少ないため、関連させて覚えることや科目を超えた物事の理解ができないのは、ふつうのこと。でも、早いうちに「つなげて勉強することができる」と体感できると、高校生になって知識が増えてきた時に、教養を身につけていくことができます。もちろん、こうした学習の仕方は、成績向上にもつながりますし、仕事に活かすこともできるでしょう。

　すでに知っている話からスタートして未知の物事を理解する、というゴールに行き着くのは、実

はすごく楽しいことです。**「勉強のおもしろさってここにあるよね」**と語る東大生もたくさんいるほど。この本を読むことで、そんな勉強のおもしろさも理解できるようになるかもしれませんね。

読書の
Point!

● 「もう知っていること」と「新しく知ったこと」がつながる楽しさを体験してみよう。

NO.16

~読解力の基礎「語彙力」を鍛える~

樺島忠夫、植垣節也、内田 満、佐竹秀雄

『日本語チェック2000辞典』

（京都書房刊）

●「自分の教養の無さを自覚させられた1冊（笑）」（教養学部2年）

●「塾の先生のオススメで買った。国語って結局語彙力なんだなあ……と実感した」（経済学部3年）

読解力の基礎、「語彙力」を鍛える

昨今、読解力のない子どもが増えていることが問題になっていますが、「本を読めるか読めないかの壁」にぶつかるのが、中学生という時期です。小学校までの文章のレベルと中学校以降の文章のレベルって結構違いますよね。特に、評論の文章などは、中学校に入ってから読んだ方がほとんどだと思います。小学校までの文章と比べて難しくなったと感じた方もいるかもしれません。

このように、中学校で読書の「壁」にぶつかって、本を読めなくなるということが多いのです。実は、東大生ですら、そういう「壁」に悩んだという人が多いほどです。

「読書の壁」を乗り越えるために必要なのが、「語彙力」です。

たとえば、英語の文章が読めない場合、真っ先に考えられる理由は「単語力がないから」。単語の意味がわからないから文章が読めずに立ち止まってしまうのです。逆に、単語の意味さえわかれば、たとえ文法がよくわからなくても、どういうことを言っているのかなんとなく理解できる、という場合が多いのではないでしょうか。要は、**文章を読解できないのは「語彙力」がないからである可能性が高い**のです。

だからこそ、**語彙を増やすための読書**というのも必要なのです。

ここで紹介する『日本語チェック2000辞典』は、語彙力を伸ばすのに最適な本です。

この本は、2000単語の「ちょっと難しい言葉の問題」があいうえお順で載っています。辞典ではありますが問題形式になっていて、「これってどういう意味でしょうか?」といった問題が2000個載っているのです。この問題を解いて、解説を読む要領でその言葉の意味を確認してみてください。

辞典のようにしっかりとその言葉の意味や例文が載っているので、それを確認していくだけで語彙力が上がります。

最近では検索すればすぐ言葉の意味がわかるし、漢字だって変換してくれる。だから、語彙力や漢字力は軽視されてしまう傾向にあります。

しかし、中学生のうちに語彙力をつけておかないと後になって本当に苦労します。実は、僕がそうでした。教科書や問題の文章がまともに読めなくなってしまったのです。それでは、成績だって上がりません（そして僕は学年ビリになってしまったわけですが……）。だからこそ、この中学生のタイミングで語彙力をつける訓練をしなければならないと思うのです。

もしかしたら大人になった今も、「実は語彙力がないままここまで来てしまった」と悩む方もいるのではないでしょうか（僕も、この本は高校3年生の時に出合いました）。そういう方も、この本で、こっそり語彙力を鍛えてみてはいかがでしょうか。いくつになっても、**語彙力は読解力の基本**となるものなのですから。


読書のPoint!

● いくつになっても大切な「語彙力」を鍛えるための読書をしよう。

NO. 17

~「残酷な世界」でどう生きるのか?~

『進撃の巨人』

諫山 創

(講談社刊)

●「伏線の回収がすごくうまい。続きが気になる」(教養学部2年)

●「マンガだからと敬遠しないでほしい。この本を読んで得られる正義と悪の考え方は、どんな人の人生にも大きな影響を与えると思う」(経済学部4年)

世界の理不尽さと「視点転換」を体験する

おそらく誰もがタイトルを聞いたことがあるであろう人気マンガ『進撃の巨人』。この作品は、世界、価値観、理不尽、悲劇に徹底的に争う人々を描く物語だと、僕は思っています。残酷な世界の中で戦い続け、その先に何が待っているのかわからない。そんな理不尽さがはびこる中で人間同士のぶつかり合いがくり広げられる——それが『進撃の巨人』の大まかなストーリーです。

この作品のすごいところは、はじめはひとつの方向から見た物語でしかなかったのに、根本から価値観が違う別の方向の視点が提示され、どちらも正義でも悪でもあるように描かれているという点です。主人公側が正義という価値観で進んでいた物語が、途中でまったく逆の価値観からの物語となり、そしてどちらも同じことをしているようにしか見えなくなる。そしてその結果として読者は、**「世界は残酷だ」**というメッセージを否が応でも受け入れさせられる。読む人すべてが、そんな感覚を味わうことになるでしょう。

「世界は残酷だ」というメッセージ性を持った作品は数多くあります。しかし、中学生でも読んで楽しめる作品というのはなかなかありません。幼いうちは、社会の理不尽さを知る機会はなかなか得られないものです。だからこそ、東大生は、**「理不尽さ」を知るために、『進撃の巨人』を早いうちに読んでほしい**、と話していました。読んで、**「一人ひとりは悪くないのに社会全体としては悪い方向に進むこともある」**ということを知ってほしい、**「そんな世の中でどう生きるか」**を考えてみてほしいと話す東大生が多いのです。

『進撃の巨人』もまた、**「視点の転換」**が素晴らしい作品です。正義の反対側にあるのもまた正義で、各々が自分の正義を守るために戦った結果、悲劇的な結末になる。それを回避するために戦い、血を流していく。そんな理不尽さを、主人公側と敵対する側という双方の視点を描くことで読者にはっきり伝えています。

そんな深みのある物語だからこそ、『進撃の巨人』はしばしば東大生同士で話題になります。

視点を大切にして本を読むことの重要性はくり返し紹介してきましたが、この作品ほどしっかり「視点」を意識できる作品も珍しいでしょう。物の見方が変わるだけで、こうも世界が変わって見えるものなのかとびっくりさせられます。中学生はもちろんのこと、高校生も大学生も、もちろん大人も、この**「視点を変えるだけで世界が変わる体験」**を、味わってみませんか？

なお、『進撃の巨人』は未完です。双方の視点と物語が入り混じり、どんどんおもしろくなっていきます。理不尽な物語がどう終わるのか、楽しみで仕方がありません。

読書のPoint!

● 「世界の残酷さ」と「視点の移り変わり」を体験しよう。

NO. 18

～物語を読む視点を上げる～

西尾維新、暁月あきら

『めだかボックス』

（集英社刊）

JUMP COMICS
1
原作 西尾維新
漫画 暁月あきら

● 「王道でもあるし、邪道でもある。そういうちぐはぐ感がおもしろかった」（文学部3年）

● 「自分の人生哲学に取り入れられている本の1冊だ」（教養学部1年）

1次元高い物語の読み方——著者の意図を読み取る

正直なところ、『めだかボックス』が好きな東大生が多いということに、僕はとても驚きました。おもしろいマンガではあるけれど、「東大生が読んで得られるような目新しさがあるのか？」と思ったからです。「天才」というものに焦点を当てて、主人公とその仲間たちがさまざまな相手と戦うマンガ、『めだかボックス』。原作者が鬼才・西尾維新であることもあって、予想がつかない展開とメタな発言の応酬、そして秀逸な言葉遊びが特徴的な作品です。

しかし、西尾維新であれば、「王道の展開にケンカを売るような邪道な小説作品のほうが楽しめるのでは？」と思っていました。それでも東大生がこの作品を選んだのは、『めだかボックス』が**「王道でも邪道でもあるから」**なのだと思います。

凡人の主人公が、天才たちに囲まれて生活していて、天才に追いつこうと必死に努力するという「少年ジャンプ」で好まれる設定。突然超能力が出てきたり、敵だった相手がどんどん味方になっていったりと、「ありがちな」物語であるにもかかわらず、一方ではものすごく邪道なのです。そうした王道の展開を皮肉るように、「もしこの世界が少年ジャンプの世界だったら」などといった「メタ発言」が登場して、なぜか最低の悪役のほうに人気が出てしまう。そんなチグハグさが演出されているのがこの作品の特徴です。

そして読み進める中で、悪役のほうに感情移入できる瞬間が出てきたり、王道作品の盲点が浮き彫りになったりするなど、王道のマンガでも邪道のマンガでも見えなかった魅力というものが見えてくる。「主人公の側に立っている奴らに勝ちたい」と悪役が素直な気持ちで語る姿を見て、「主人公」という存在の危うさが見えてきたり、「主人公補正やご都合主義を排除する」という能力を登場させることで「物語」の根底を問うてみたりと、通常のマンガでは考えられない世界を感じられるのが、この作品の醍醐味でもあります。

西尾維新という「邪道」を描くのが好きな作家が、少年ジャンプという「王道」の世界で作品を書いたが故に生まれた、ある種突然変異のような作品と言えるのかもしれません。

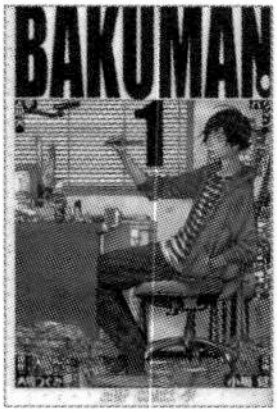

『バクマン。』大場つぐみ・小畑 健、集英社刊
＊主人公が人気少年マンガ雑誌での連載を目指す物語。

© 大場つぐみ・小畑 健／集英社

この本を読むと、どこまでがよくある展開で、どこからがふつうではない展開なのか、王道と邪道の割合が理解できるようになるでしょう。大場つぐみの『バクマン。』を読み、「物語をつくる」現場を知っているとなお理解できるようになるのですが、王道と邪道のバランスは物語をつくるうえで永遠のテーマです。

王道はありきたりでつまらないし、邪道を狙うと読者が置いてけぼりになることもある――そうした「物語をつくる苦労」が理解できてくると、物語を読む目線が1次元上がることでしょう。そうした読み方ができるようになると、物語の読み方のバリエーションが広がります。**「この著者はどのような意図でこの物語をつくっているのか」**を考えて読むことができるようになるからです。

王道でも邪道でもある物語、『めだかボックス』をきっかけに、みなさんも読書の視点を上げてみてはいかがでしょうか。

読書のPoint!

●「著者はどういう意図でこのストーリーをつくっているか」を考えてみよう。

東大生100人が選んだ

高校生時代に読んだオススメ本

高校生という人間的に大きく成長する時期。

この時期に読んだオススメの本は、「新鮮な価値観」や「新しい情報」を知ることができる、という観点で選びました。

本という、ある程度厚みがあって著者の考え方にどっぷり浸かることができるツールでしか得られない、多くの人にとってそれまでに触れたことのない考え方――物語でしか得られないような特別どす黒い感情や、何年も研究しないとわからないような事柄。そういった、本でしか知ることのできない考え方に触れられる本をラインアップしています。

そのうえで、その「新しい情報」をうまく活かす方法も紹介しています。どうすれば読んだ内容を自分のものにして、自分の知識にすることができるのかという視点です。

新しいものに触れられる本と、その本の活かし方――どちらもじっくりお楽しみください。

NO. 19

〜「何に興味があるか」を知る手がかり〜

橙乃ままれ イラスト／toi8

『まおゆう魔王勇者』

――①「この我のものとなれ、勇者よ」「断る！」

（KADOKAWA刊）

まおゆう魔王勇者
①「この我のものとなれ、勇者よ」「断る！」 著／橙乃ままれ
魔王と勇者が手をたずさえて
暗黒の中世に灯をともす物語

●「自分にとってとても斬新だった1冊」（教養学部1年）

●「さまざまな学問の入門のような本で、色んなことを考えさせられた」（教養学部2年）

東大式 「学問」へのモチベーションの高め方

「この本があったから東大に来れた」とまで話す学生がいたのが、ライトノベル作品『まおゆう魔王勇者』です。その名から想像できるかもしれませんが、RPGの魔王と勇者が登場するファンタジーライトノベル作品です。

「この本ってそんなに難しい本なの？」と考える人もいるかもしれませんが、そんなことはありません。難解な内容はなく、中学生でもラクに読み進められます。でも、ほかの本と違うところがあります。それは、少しだけ「考えるきっかけ」が多いという点です。

たとえば、魔王と勇者が最初に手をつけたのは「農業」でした。そして、農業から話が進み、経済・貿易・政治・宗教、さまざまな社会が抱える問題点を魔王と勇者で解決していくのが、この物語。卑近な舞台設定なので読み進めやすいうえに、多くの学問の入り口として機能するのは、こういったストーリー展開に秘密があるのです。

もちろんこの本は学問の「入り口」でしかありません。この本を読むだけで農業が完璧にわかるようになるとか、経済がよくわかるとか、そういうことではありません。しかしそれでも、**「最初に理解するきっかけ」**のひとつとしては非常に価値があると思うのです。これさえ知っておけば全体像はつかめるし、これだけわかっておけばもっと詳しく学んだ時にもその知識とつなげて理解することができる。そういう、**学問の最初の一歩**としての機能があるのです。

東大の授業も実は同じようなスタイルをとっています。はじめは卑近な例や具体例を出して、そこから広げていく。たとえば、「渋谷駅がこうなっている背景には、実はこんな理論がある」「いつも目にすることのCMから、メディアが考える現代人の特徴をより詳しく理解できる」などといったような形でスタートするのです。こうした身近で理解しやすいものから入ると、物事が理解しやすくなり、もっと学ぼうという意欲にもつながるのではないでしょうか。

学問とは、何も難しい本を読まなければ深められないものではありません。**「これってどうしてなんだろう？」**と、日常の中から学ぼうとする姿勢も含めて学問なのです。

学問の「問」は、「問い」「問題」のこと。この本を読んで、自分で「問い」を立ててみませんか？

本には、**学問の入り口**となる効果もあります。より詳しい情報を仕入れようとするモチベーションを高めるのが本という媒体の持つ特徴でもあります。この本を、学問へのモチベーションを高める1冊として利用してみてください。

読書のPoint!

- **この本で興味を持ったことを何かひとつでも調べてみませんか？**

NO.20

～「歴史」と「今」をつなげる～

浦沢直樹『MASTERキートン』（小学館刊）

●「世界史の予備校講師にオススメされて読んだシリーズ。キートンの格好良さもさることながら、登場人物の芯の強さに心を揺さぶられた」（経済学部3年）

●「歴史が好きなら絶対楽しめると思う」（工学部3年）

「歴史」と「今」をつなげる1冊

世界史の先生からオススメされて読んだ、という東大生が多かったのがこのマンガ、『MASTERキートン』です。とは言ってもこのマンガ、実は『イノサン』(184ページ)や『乙嫁語り』(188ページ)のような過去の時代を舞台にした物語というわけではありません。現代に生きる考古学者キートンを主人公とした話です。

ではなぜ、この本が世界史の先生から絶賛されているのかというと、**「世界史を踏まえたうえでの今」を知ることができる**からです。

キートンはさまざまな国に行って問題を解決するのですが、そこで重要になってくるのが歴史的な背景です。その土地に生きる人々の文化がどのようになっているのか、どのような考え方があって問題が発生しているのかを、歴史的な文脈から説明してくれるのです。たとえばアイルランド独立の問題やドイツとトルコの関係性など、その地域に根ざす問題に焦点を当てて、**現代を「歴史**

から地続きの今」として捉えているのがこの作品なのです。

東大生はこのマンガを「価値観」について話す時に引用しています。たとえば、外国人と日本人との思想的な違いや、特定の国の特殊な物の見方について話す時、「そういえばこの話って『MASTERキートン』でもあったよな」なんて語るのです。

現代を「歴史から地続きの今」として考えることは、ふつうに暮らしているとなかなかできません。「第二次世界大戦があったから今の自分がいる」なんて考えて暮らしている方はほとんどいないでしょう。

しかし、この本を読むと「今の自分は、実は歴史的な経緯があってつくられているのではないか？」と考えられるようになるのです。

読書には、このように**「新しい物の見方」を提示してくれる**効果がありま す。いわば、**自分にはない「価値観」を見せてくれる**わけです。しかしお堅い評論で話されても、なかなか頭に入ってこない場合も多いのが現実。だからこそ、こういうマンガが大切だと思うのです。正直に言うと、「現代人はみんな歴史的な文脈の中で生きていて、でもそれを自覚していないんだよ」などと語る本はたくさんあります。しかし、そのどれを読んでも、「そういう考え方もあるかもしれない。でも、自分がそうだとは思えない」などと、どこか他人事のように思えてしまうのです。

一方、『MASTERキートン』のようにわかりやすく噛み砕かれた物語をおもしろく読むことで、こうした新しい見方を自分のものにすることができるのです。

高校生はもちろんのこと、大人にとっても読み応えのあるストーリーで、マンガとは思えないほどの発見と学びに満ちています。ぜひ試してみませんか？

読書の
Point!

● これまでの自分にはなかった「新しい考え方」「価値観」に意識を向けてみよう。

NO.21

~背筋が凍るほどの感情を体験する~

東野圭吾

『秘密』

（文春文庫刊）

●「東野圭吾作品の中で、一番印象に残り読み返した作品。大学受験を控えた中で、人生をやり直す作品を読み、逆に現実世界では戻らない一瞬一瞬を貴重に思うようになった」

（経済学部3年）

●「正直東野圭吾作品は全部好きなのだが、それでも選べと言われたらこれ。今でも読み返すたびに心に何かがこみ上げる」

（文学部4年）

どす黒い人間の感情を「簡易化」する意味

物語を読むことで、感情を物語と紐づけて理解をすることができるようになる**「簡易化」**の効果があるのが読書だということはPart1で紹介しました(52ページ)。そんな中でも、ひときわどす黒い感情を描き切ることができる作家が東野圭吾です。

『容疑者Xの献身』における犯人の慟哭。

『さまよう刃』における娘を無残に殺された父親の怒り。

東野圭吾の描く感情は、大きくて、そして怖さがあります。

そんな東野圭吾作品の中で**一番「考えさせられた」**と東大生が答えたのがこの『秘密』です。

娘の体の中に妻の魂が入ったら、夫はどうなるのか。妻への愛情と父性の葛藤を描くストーリー。僕はこの本を読んだ時、異常な怖さを感じました。**「これは、描いていい感情なのか?」**というくらいの生々しさがあったからです。

『容疑者Xの献身』東野圭吾、文春文庫刊
＊テレビドラマで人気のガリレオシリーズの長編。

『さまよう刃』東野圭吾、角川文庫刊
＊娘を殺された父親による復讐を描いた重く悲しい物語。

感情にも色々なものがありますが、一定の年齢になると、それまでは感じたことのないような〝どす黒い感情〟を理解し、それに触れられるようになります。ダークな感情に対する想像力・理解力が高くなるのです。

「高校生の頃から急激に文学作品がおもしろくなった」と答えてくれた東大生がいましたが、多分それは「黒い感情」を理解する力がついたことに原因があるのでしょう。僕も、高校生の頃からなぜか急に太宰治の『人間失格』や夏目漱石の『こころ』がおもしろいと感じるようになりました。

人間の感情の中には、「言葉にならない想い」が存在します。名前を付けられないけれど、たしかに存在している感情。それを理解するためには、自分で体験するか、それとも本などを通して物語で理解するかの二択しかありません。

究極的に言ってしまえば、本当は自分で体験していないことを理解するのは不可能なのですが、しかし著者の力量と物語があれば、ある程度まではできてしまいます。たとえ子どもを持ったことのない方でも、恋愛をしたことのない学生でも、著者が描く人間のダークな感情を理解することはできるのです。

読書の強みは、自分では体験していないことすら体験できる（追体験）ことです。その顕著な例が、『秘密』を通して追体験する主人公の感情なのかもしれません。極端な感情を理解しておけば、それよりもちょっと薄い感情を理解するのは容易になります。

『秘密』というタイトルの意味がわかった時にめぐる感情は背筋が凍るものがありました。みなさんは、どのような感情を抱くでしょうか。

読書の
Point!

● 背筋が凍るほどの感情を「追体験」し「簡易化」してみよう。

NO.22

～とびきり美しい日本語に
触れる～

乙川優三郎

『ロゴスの市』

（徳間書店刊）

●「こんなに文体が綺麗な作品に出合ったことがない。また、個人的にこの男女の関係性がすごく好き」

（経済学部3年）

「文章の美しさ」という観点で本を読む

文章が美しいかどうか、という観点で本を読んだことはありますか？　僕はまったくなかったです。それどころか、美しいとか汚いとか、文章に対する形容としてそんな言葉が存在するのか、と思っていました。

でも東大生の中には、そうした「文章の美しさ」を気にして本を読む人がいるのです。そんな東大生の中から挙がった本が、この『ロゴスの市』です。

なかなか「文体」に気をつけて本を読もうとは思わないものです。でも、「この文章は美しい」という話を聞いてから、文を口に出して読んでいるうちに、たしかにこの本の文体が綺麗であることがなんとなくわかってきます。

●「あなたには最もふさわしい表現を求めて悩み、考え尽くす時間がある。人生の生の声を訳す私には十秒もない」

翻訳家の彼と同時通訳者の彼女の、こうした「美しい」やり取りが、綺麗に語られるのがこの本も魅力です。

いかがですか？

「たしかに、なんかいいかも」と思えてきませんか？

注意して読んでみると、「言葉にこだわっているんだろうな」と思う本は意外とあります。多くの文学作品で、描写が練られていますが、僕は特に夏目漱石の『草枕』や宮下奈都の『羊と鋼の森』を読んだ時、表現がかなり凝っていて興味深いなという感覚を持ちました。

「文体が美しくても、正直あまり違いがわからないし……」なんて思う人もいるでしょう。というか、僕はそうでした。

しかし、「言葉や文体の美しさ」を意識して読んでみると結構違いがわかるものです。

たしかになんとなく読みやすいし、ほかの本よりもイメージがしやすく、描写が入ってきやすい場合が多いのです。

言語には、その言葉を使ってきた人の文化や価値観が投影されるといいます。たとえば、英語圏の人は、英文法のようにロジカルさを重視するといった具合です。

同じように、日本語にも、これまでに受け継がれてきた文化や価値観が表れています。そんな価値観を味わえるのも、読書の醍醐味なのです。

日本語の美しさなんてなかなか触れる体験がありませんが、しかしこれを機に、『ロゴスの市』を読んでそんな価値観に触れてみるのもいいかもしれませんね。

読書の
Point!

●「日本語の美しさ」「言葉に込めた想い」を感じてみよう。

NO.23

~東大入試で出題された1冊~

原 研哉

『白』

（中央公論新社刊）

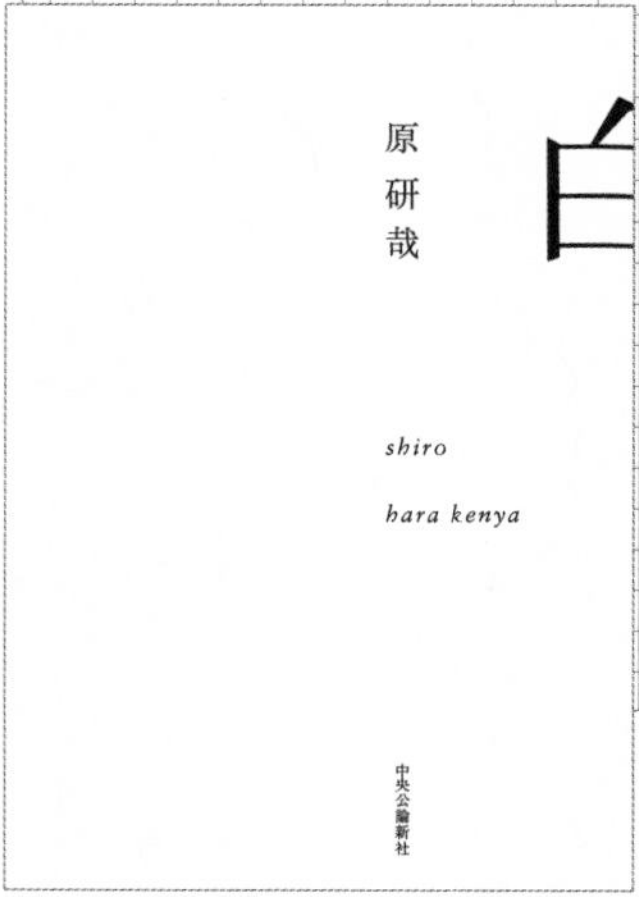

●「東大の問題で見て本を買ったが、日本人に通底する価値観を知れて、すごくためになった」（文学部4年）

●「『白』という空白とも、虚無とも捉えられるものに対する考えを深めるきっかけになった1冊」（教養学部2年）

東大現代文の特徴――「具体」と「抽象」を行き来する

この本は実は、東大の現代文の問題で出題されたことがあります。

それが原因かはわかりませんが、「この本は絶対読んでおいたほうがいい」と話す東大生が何人もいました。この本は、どうしてここまで東大（東大生）に好かれているのでしょうか？

この本で述べられているのは、日本の古来からの物の見方、考え方であり、それが「白」だと説いています。白に一度墨で「黒」を書いたら戻ってはならない。一期一会で、大切に、大切に次の準備をし、「1回」にすべてを賭ける。後戻りはできないという感覚を、日本人は「白」として有している――こう語られています。

僕は、この本を読むことで、自分たちがどういう価値観の元に生きているのかを考えるようになりました。価値観や文化というのは、なかなか自覚する「きっかけ」がありません。知らず知らずのうちに、そういう考え方をしていた、ということだってあり得ます。しかし、**日本人である「自分」を根本の根本まで辿っていくと、実は「白」という価値観に行き着くのかもしれない**――そういう気持ちで本を読むという経験ははじめてでした。

『白』では、さまざまな例を用いて、それを説明してくれます。

たとえば「矢」。1本目で当てることを意識しているから2本目の矢は持たない。そういう古来の習慣も、実は一期一会、一回限りだという価値観に立脚しているものなのだといいます。

ほかにも「白」に結び付く何かがあるのかもしれません。そして、それは自分たちの行動の中に表れているのかもしれない――このように、身近な習慣の中に「白」を見出す訓練ができる。こういう点に、ここまで東大生を惹きつける理由があるのかもしれません。

東大の現代文の問題で使われるものの共通点として、抽象的なことを話題にしながらも、卑近なものや身のまわりにあるものが題材になりやすいという点が挙げられます。「河川について」だったり「ネット社会について」だったり

「写真について」だったり、統一性はありませんが、**具体と抽象を行き来する**というのはよくある出題のパターンです。

「抽象論」を、「具体例」を手がかりに理解していくというのは、文章を読解するうえで役に立つテクニック。「たとえ」があるとわかりやすくなりますし、逆に言うと、**的確な「たとえ」を生み出せる人は読解力がある**と言えるでしょう。

この『白』という本は、具体例と抽象論の往還が見事になされています。そのため、この本をきちんと読解できればほかの本の内容も理解できる可能性が高いと言えます。東大の入試問題に選ばれた理由は、こうした点にもあるかもしれません。

みなさんも、この本で具体と抽象の行き来を訓練してみてはいかがでしょうか？

読書のPoint!

●「具体」と「抽象」の行き来をトレーニングをしよう。

NO.24

～「歴史」をストーリーで読む、暗記につなげる～

塩野七生

『ローマ人の物語』

――ローマは一日にして成らず［上］

（新潮文庫刊）

塩野七生
ローマ人の物語
ローマは一日にして成らず
〔上〕
1
NANAMI SHIONO
RES GESTAE POPULI ROMANI
ROMA NON UNO DIE AEDIFICATA EST
新潮文庫

●「この本を読んで、世界史というものの見方が変わった。東大の世界史の大論述問題の中にもこの本を読んでおけば解ける問題があったりして、本当に何度も助けられた１冊」（法学部３年）

●「歴史を楽しめるようになったきっかけの本」（文学部３年）

なぜ、「ストーリー」が「暗記」に役立つのか

「歴史が物語だと知って、歴史を覚えられるようになったのは、この本が始まりだった」

『ローマ人の物語』をこのように推薦してくれた東大生がいました。

『ローマ人の物語』は、「なぜローマは世界帝国を実現できたのか？」という視点でローマの歴史を見る本であり、「歴史小説」と「歴史書」というふたつの側面から描かれています。読んでみるとたしかに、「歴史」でありながら「物語」でもあるので、とても読みやすい。僕自身、それまでは物語だと思っていなかった世界史をストーリーで理解するきっかけになりました。ストーリーとして理解するようになったことで、暗記もできるようになっていきました。

しかしなぜ、歴史が物語だと思うと覚えられるようになるのでしょうか？

ふだんの生活からなんとなく気づいているかもしれませんが、人間は**事実の羅列よりも、ストーリーや関連がはっきりしているもののほうをおもしろく感じ、また覚えられる**生き物なのです。ちょっとした小話があったり、語呂合わせをしたりと、物語や関連を意識したほうが記憶に残りやすい、という脳の構造を持っているのです。

しかし、多くの方は、世界史の教科書に書いてある出来事の羅列のような文章を、「ストーリー」だとは思えないでしょう。より深く読解すれば「ストーリー」として捉えられる部分は出てくるかもしれませんが、そんなやり方では、最初から最後まですべてを「ストーリー」として捉えるには、途方もない時間がかかってしまいそうです。

それを解消する方法のひとつは、**学習マンガを読むこと**です。学習マンガはストーリー仕立てになっていて読みやすいものですから、歴史を物語化する一助になるでしょう。実際に、東大生の多くは、歴史の学習マンガをよく読んでいました。

そしてもうひとつの方法が、**歴史小説を読んでみること。**マンガはそこまで大きく脚色されることはありませんが、歴史小説は世界史をより大胆に解釈して、物語として再編します。この『ローマ人の物語』も、事実とは違う点がいくつかあるそうですが、しかしそれが本当に「事実と違うのかどうか」は実際にはわかりません。だってその時代に本当に生きていた人なんていないのですから。言ってしまえば、より深く理解するために必要な誇張だと割り切ってしまうこともできます。

これは何も歴史に限った話ではありません。理科だろうが数学だろうが、どんな科目でもストーリーがあったほうが覚えられます。『ローマ人の物語』と世界史の暗記事項をつなげて覚えてみるのと同じように、理科や数学も、題材とした物語を読み、それを足がかりに学習してみてはいかがでしょうか？

読書のPoint!

● 無味乾燥に思える世界史を「ストーリー」として味わってみよう。

NO.25

～「違い」を生み出すものを学ぶ～

リチャード・E・ニスベット

『木を見る西洋人 森を見る東洋人』

（ダイヤモンド社刊）

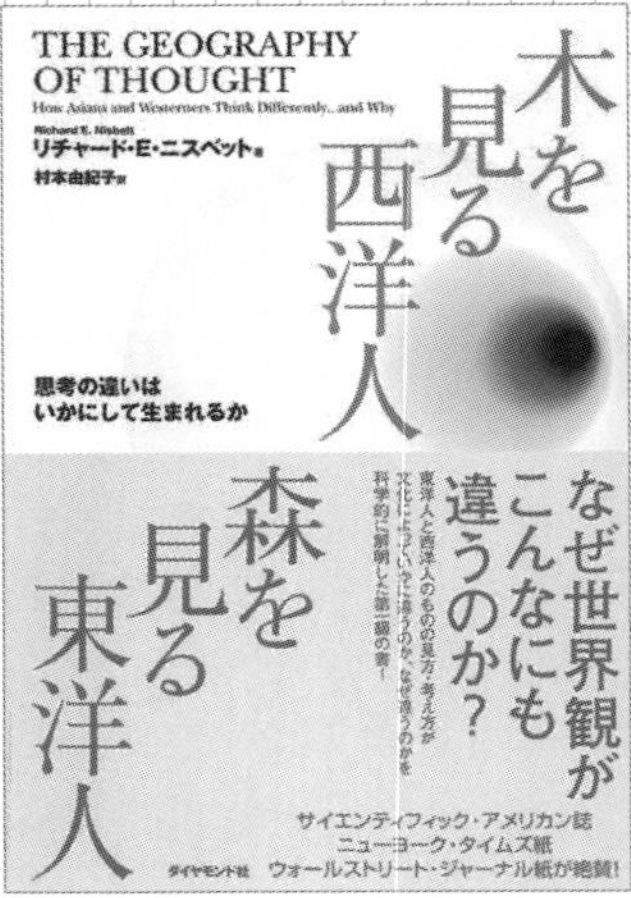
THE GEOGRAPHY OF THOUGHT
How Asians and Westerners Think Differently...and Why
Richard E. Nisbett
リチャード・E・ニスベット著
村本由紀子訳
木を見る西洋人
思考の違いはいかにして生まれるか
森を見る東洋人
なぜ世界観がこんなにも違うのか？
サイエンティフィック・アメリカン誌
ニューヨーク・タイムズ紙
ウォールストリート・ジャーナル紙が絶賛！
ダイヤモンド社

●「心理の授業で紹介されていた1冊。価値観・視点・観点、そういうものは文化によって変わるのだなと実感できた」（教養学部2年）

●「高校生になりたての頃読んだが、英語を勉強するうえでこの本で書いてあるような価値観の違いを意識して学習できたのは幸運だったと思う」（教養学部1年）

「視点の違い」を生み出す「違い」を知る

これまでに何度か、物の見方の違い・視点の違いを大事にして物語を読むことをオススメしてきました。そのために読むべき物語自体は何冊も紹介させていただいたと思うのですが、物語だけを読んでいては、**「どうして視点が違うのか」「何が背景になって見方が変わるのか」**を考えることは難しいでしょう。なぜなら、物の見方・視点を理解するためには、評論を読んで人間の思考の違いを理解する必要があるからです。

では、具体的にどんな評論を読めば、「視点」の違いに対してより自覚的になれるのでしょうか——そのヒントになる1冊が、この『木を見る西洋人 森を見る東洋人』です。

タイトルから想像できるように、西洋人と東洋人の考え方の違いを描いたのがこの本です。**「何に注意して物事を見るか」「どういうところに注目して物事を捉えるか」**という価値観の違いを教えてくれるだけでなく、その価値観がどうやってつくられたものなのかも述べています。

視点の違いは自分たちで理解することができる場合もありますが、しかしどうして価値観の違いが生まれたのかについては自分で考えて結論を出すことが難しいものです。

違うという「事実」を理解することはできても、その理由を考えるところまで行うことはなかなかできません。そんなところに、この本を読む価値があります。

「視点」の違いを意識したとして、ではどうしてそういう違いが生まれたのか？　そう想像をしてみることも必要であり、また想像をするためには、一度「答え」を体感する必要もあります。いざ蓋を開けてみたら、「なんだ、そんなことが理由なんだ」と思うこともありますし、実は当たり前のことだけど気づいていなかっただけ、ということもあります。

西洋人と東洋人は、根本的には一体何が違うのか？

それを今度はほかの二者を比べる時にも使えるように、この本を読解してみましょう。「現代と近世の対比」「男性と女性の違い」など、何かを対比する文章は受験でも多く出題されますし、こうしたテーマの本もたくさんあります。その中でも、王道とも言える「西洋と東洋の対比」を、この本で理解することは、「読む力」と「考える力」を伸ばすことにもつながるでしょう。その時は、先ほど紹介した『白』（238ページ）も一緒に読んで、自分の考え方と西洋の考え方という対比の中で、物の見方の違い・視点の違いを考えることをオススメします。そこまでできれば、「視点」については深く理解できたも同然と言えるでしょう。

読書のPoint!

● 「価値観」「視点」の「違い」を生み出すものは何かをつかもう。

NO.26

～楽しく読める参考書～

ファインマン

『ファインマン物理学』

（岩波書店刊）

I
力学
岩波書店
坪井忠二訳
ファインマン, レイトン, サンズ
ファインマン物理学
The Feynman LECTURES ON PHYSICS

●「物理がつまらないと感じている人にこそ読んでほしい」（工学部3年）

●「この本を片手にずっと勉強して、東大受験の当日にも持ってきた」（医学部5年）

苦手な人こそ読みたい「読み物」として楽しめる参考書

ここからは大学受験に直結する、という観点で何冊か紹介していきたいと思います。

まず、物理に親しみやすくなる教科書として名前が挙がったのが、この『ファインマン物理学』でした。この本、読んでみるとわかるのですが、あんまり「教科書」という感じの本ではありません。むしろふつうに「読み物」として楽しむことができます。

実はこの本のように、**「読み物」として楽しめる教科書**というのは、意外と数があるものです。たとえば「東進ブックス」の『はじめからていねいに』シリーズでは、どの科目でも、授業で説明しているかのような丁寧で具体例も交えた説明がなされています。また、世界史では、『荒巻の新世界史の見取り図』、数学では、雑誌「大学への数学」の演習以外のページなど、『ファインマン物理学』のように、読み物としておもしろい参考書は、多く存在しているの

『荒巻の新世界史の見取り図』荒巻豊志、ナガセ刊
＊「歴史を学ぶ意欲」を高めてくれる参考書。

「大学への数学」東京出版刊
＊月刊誌。数学的な思考力・センスを身につけるのに最適。

です。

この『ファインマン物理学』の良さは、「生きたイメージ」をつかむことができる点です。**「物理学が一体なんの役に立つの？」「どういう場面で必要とされるの？」**という質問に答えられる人は、物理学を専攻している学生でも少ないかもしれません。しかし、この『ファインマン物理学』はこうした疑問に答えてくれます。この本には、イキイキとした「物理学」が、余すところなく紹介されているため、文系理系を問わず楽しく読める内容になっています。

こうした「読み物」として楽しめる参考書は、学習マンガと同じように、学問の全体像をつかんだり、勉強の下地をつくったりするうえで、とても効果的。ゼロから勉強を始めてもあまりうまくいかないことが多いですが、ほんの少しでも下地があれば、知識を積み上げていくことができます。

ここでご紹介した『ファインマン物理学』をはじめとする参考書は、そこに書かれたことを覚えるためではなく、まずは、**読み物としておもしろく読む**ことを追求してみてください。

そして、何度も読み続けるのがオススメです。

勉強を進めていくと、やがてもっと実感をもってそこに書かれた内容が「頭に入る」瞬間がやって来ます。そうなってからはじめて、覚えるための読書をすればいいのです。

「教科書」というと、内容を覚えなきゃならない、お堅いイメージがあるかもしれません。でも、一度そういうイメージを取り払ってみませんか？ たとえどんな教科書でも、まずは勉強のためではなく、読み物として読んでみるのです。そうして学習の下地をつくることで、新しく得た知識が理解しやすくなるのですから。

読書のPoint!

● 勉強としてではなく、読み物として楽しく読むことを追求することから始めよう。

NO.27

~ものすごく笑えて役に立つ「古典」の参考書~

花園あずき

『はやげん! ~はやよみ源氏物語~』

（新書館刊）

●「爆笑しながら読んだが、源氏物語の問題が出る度に思い返して、問題を解くヒントになった」

（文学部3年）

●「めちゃくちゃ原作に忠実にギャグ化されている奇跡の1冊。超笑えるのでぜひ読んでほしい」

（経済学部3年）

古典は〝文化〟を知れば読めるようになる！

物理の次は古典です。古典的な作品を読めるようになるためには、〝とっかかり〟をつくるのが一番。

古文や漢文が読めない、と悩む受験生って結構多いのですが、多くの場合は「語彙」を気にしがちです。「知らない言葉が多いから古文や漢文が読めないに違いない！」と。たしかにそういった側面はあるかもしれません。でも、語彙が問題のように見えて、その根本にあるのは**「文化を知らない」という問題**であることが多いのです。

たとえば、古典で「見る」は結婚するという意味になりますが、ふつうに考えたら意味がわかりませんよね。なんで見るだけで結婚するんだよ、と思います。でもこれ、文化を知っていれば当たり前に理解できるんですよね。と言うのも、平安時代、身分の高い女性が男性の前に姿を現すことは稀で、姿を見るのは結婚してからという場合が多かったのです。それを知っていれば、「見る」

が結婚することだとすぐに理解できるわけです。

つまりは、**文化や価値観さえ知っていれば、古典が読めるようになる**のです。そして、「文化」や「価値観」を知るためにも、本は使えます。読書で価値観や文化を知り、それを読解に活かすことができるのです。そうした古典的価値観を知るための本として僕をはじめ、東大生が強くオススメしたいのがこの『はやげん！～はやよみ源氏物語～』です。『源氏物語』はすべての古典作品の源流であり、『源氏物語』以後に書かれた作品はすべてこの作品の影響を受けているとすら言われるほどの大傑作。受験でも頻出です。

この作品はすごいです。何がすごいって、現代の価値観に沿ってマンガで古典の世界を見ている。たとえば、「光源氏、誘拐とか不倫とか超やばいことしまくりでした」と、今と昔の価値観を比べたうえで源氏物語を描いているのです。

私たちにとって卑近な言葉で当時の価値観を表現しているうえ、描き方がコミカルにもかかわらずちゃんと原作を遵守している。この本を読んで『源氏物語』ってこんなにおもしろかったんだ!?」と驚いた東大生は、1人や2人ではありませんでした。

どんな文章でもそうですが、「とっかかり」になるものがないと読みにくいのです。特に昔の文章のように、価値観や文化がまるっきり違うものを理解するのは、とても難しい。

しかし、自分たちの価値観と比較しながら文化を理解し、価値観の違いを意識しながら読むことで、読解できるようになるケースは、想像以上に多いのです。

「マンガなんか」と思われる方もいらっしゃるかもしれませんが、古典が苦手な人は、ぜひ一度読んでみてください。

読書の
Point!

● 楽しみながら、文化を知ろう。

NO.28

〜東大生の受験時代の恋人!?〜

中原道喜著

『英文問題精講』シリーズ

（旺文社刊）

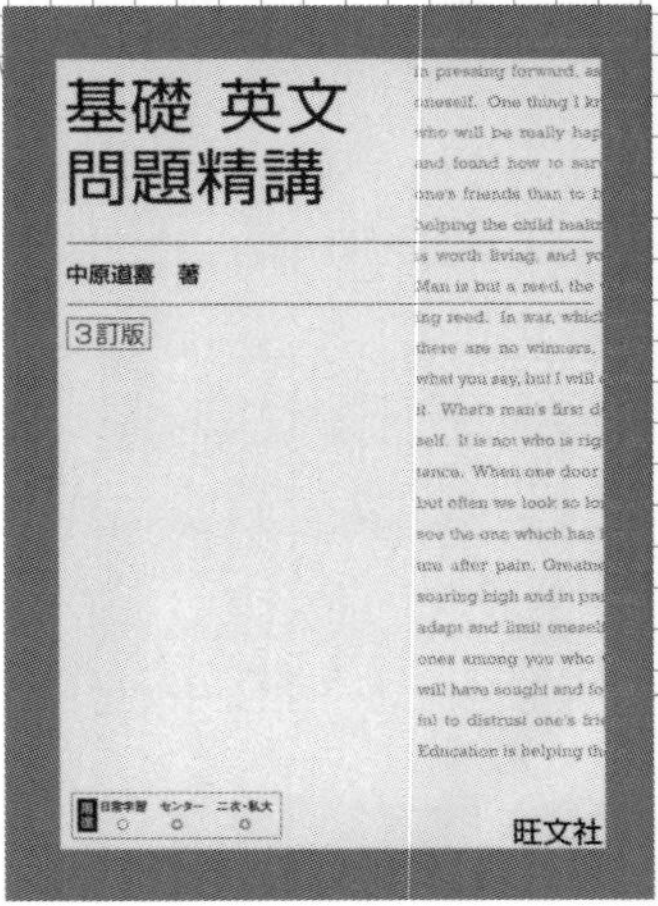

●「文章のチョイスが絶妙。今でもよく読み返す。サイズがコンパクトで持ち運びも便利だし、どこに行くにも持ち歩いていた記憶がある」（教養学部1年）

●「受験生時代の恋人。めちゃくちゃ読み込んだ」（教養学部2年）

読解のコツは「テーマ」をつかむこと

高校時代に読んでよかった本として最後に紹介するのが、言わずと知れた英語参考書『英文問題精講』シリーズ。「この本が受験生時代に一番印象に残っていてオススメ」と答える東大生が多かったです。

英文とその解釈方法が丁寧に解説されているのが、この参考書の特徴。さらに、載っている英文は、どれもかなり知的におもしろい内容になっています。さまざまな大学の入試で使用されてきた読み応えのある内容の英文がたくさん詰め込まれていて、読み物としても楽しめます。テーマも、政治、経済、社会問題についての英文から、時間や食事、教育などバラエティに溢れ、読者にとって身近に感じられるような話題にも触れています。

実は、入試で使われた英文というのは、各大学の教授が、自分の専門分野の入り口になるような好奇心をくすぐる文章を用意していることが多いのです。大学に入ってからの授業で、「この社会学入門的な内容の文章、どこかで見たことあるな」と思ったら「『英文問題精講』で見たんだった！」と気づいて驚く学生も多いほど。

つまり、『英文問題精講』シリーズは、いわば、**高校生までに触れておきたい学問のテーマ・切り口の英文がほぼすべて網羅されている**のです。

『英文問題精講』シリーズを読む時のコツは、**分野**に気をつけること。「これは経済的な内容だな」「こっちは医療分野かな」と、**何について書かれた英文なのか**をはっきり理解したうえで読むといいでしょう。

英文に限らず、国語の現代文の文章を読む時も、「読めない！」と感じてしまうことがあるかもしれませんが、この問題は多くの場合、**「言いたいことは何か」**がわかっていないために発生しているのです。特に文章が長くなると、著者が言いたいことが何かを見失いやすくなるのです。それを解消するために大切なのが、**まずは「分野を理解する」こと**。著者が言いたいことはわからなくても、「なんの分野の話か」は文章を読めば、すぐに理解できるはずです。

そして、『英文問題精講』シリーズなどで各テーマの文章をあらかじめ理解しておくと、**より速く読み込み、深く理解することができる**ようになります。**読解の「速さ」と「深さ」**は、入試において求められる大切な力です。

たかが問題集と思うかもしれませんが、このように「どうすれば文章の内容を理解できるか」を考え、訓練するうえで、とてもオススメのシリーズです。英語が苦手な人は、和訳を読むだけでも勉強になります。ぜひ読んでみてください。

読書の Point!

● 読み応えのある英文から、読解のコツを学ぼう。

東大生100人が選んだ

東大入学後に読んだオススメ本

最後にご紹介するのは、「東大生が東大入学後に読んで影響を受けた本」。ここでは単純な「読み手」として楽むことができるだけではなく、「読み手」という立場から離れてもおもしろい本を選んでいます。

より深く本を味わい、人生に影響するほどの読書をするためには、「読み手」という受け身の状態を離れることが必要です。本をふつうに読む「読み手」にとどまらない読み方をするのです。たとえば、「書き手」がどういう意図でこの本を書いているのかを読書の中から探ってみたり、「書き手」の立場や人間性を見たうえで本に書いてある内容を深読みしてみたり、ただの読書では終わらせず、今学んでいることや次の1冊とつなげて読んでみたり——。

ここまでは、本の中の「視点」を大事にして本を読むことをオススメしてきましたが、ここからご紹介する本では、「読み手」という視点からも離れるのです。「読み手」から離れて、「次に活かす」。ただ読むだけでは終わらせず、なんらかの行動につなげる。そんな、より「実践」のための本と、より「実践的な読み方」を紹介しています。

ぜひ読んで、「読み手から離れて次に活かす」ことを体験してみてください。

NO.29

『やがて君になる』

仲谷 鳰

〜新しいマンガの楽しみ方〜

（KADOKAWA／電撃コミックスNEXT刊）

●「感情の機微の描き方が巧みだと感じられるマンガで、非常にオススメです」（教養学部3年）

「文学より文学らしいマンガ」を丁寧に読む！

「東大生に人気のマンガ」と言えば、『やがて君になる』。新刊が出る度に東大生協で売り切れになることもあるほど、東大生がこぞって読む作品です。ガールズラブを描き、「好き」という感情に徹底的に向き合った本作は、「心理描写」が非常に巧みです。登場人物一人ひとりの考え方・心情の掘り下げが丁寧になされており、そこで描かれる感情の動きや内面の描写が美しく、文学的。表現も小説的で、「文学より文学らしいマンガだ」と述べる東大生もいました。

通常は文章でしか描けない世界観を、「絵」を使いながら豊かに表現していく。登場人物の内面や心理を、「マンガ」という形態を用いて叙述的に描写していく。マンガでしか表現できない文学が、この作品の中にはあります。ほかの「東大に入ってから読んでおもしろかったマンガ」を調べてみても、同じ傾向がありました。

羽海野チカの『3月のライオン』は僕の友人が絶賛していたマンガなのです

『３月のライオン』羽海野チカ、白泉社刊
＊家族を失ったプロ棋士と、彼を取り巻く人々を描く。

『春の呪い』小西明日翔、一迅社刊
＊妹をなくした主人公と、妹の婚約者だった男性との物語。

© 小西明日翔／一迅社

が、心象描写があまりにも美しく心に染み渡る文学的な作品です。また、東大1~2年生からの人気が高かったのが小西明日翔の『春の呪い』。この作品は、文学的な叙述もさることながら、それとマッチした絶妙な人間の表情が読者の心にさまざまな想いをわき起こさせる。文学の魅力を少しでも知ったうえで読むと楽しめるマンガというのが人気の理由のようです。

だからこそ、この本のオススメの読み方は、**「文学として読んでみる」**ということです。簡単に言うと、これまでのマンガよりも、**もう一歩深く読み込んでみる**ということです。

「ここで主人公の気持ちはどのように変化し

たのだろうか？」

「この表現は登場人物の心情にマッチしているんじゃないか」

このように、文学を1行1行丁寧に読むのと同じように、1ページ1ページをじっくり読んでみるのです。細部までこだわってつくられている本作は、深読みすれば深読みするほど見えてくるものがあります。登場人物の視点や天気・状況、人物の心情など、読み返すたびに「これってもしかして……」と思うポイントがあります。

または、あえてボカして描かれていて解釈が読者側に任されているところもあります。気がつけるかどうか、正しく読めているかどうか、すべて読む側に依存しているのです。

『やがて君になる』の新刊が発売されるたびに、「ここって、主人公のこの心理が表されているよね」「ここでの〇〇は、二人の関係性の暗喩だよね」などと、僕がわからなかったポイントを教えてくれる友人がいます。「そんなところまでこだわっていたのか……！」と感動することばかりです。

ただのマンガだったらそこまでの感動はありませんが、『やがて君になる』

のような、「文学的なマンガ」は読めば読むほど、物語が心の奥深いところに届く。そんな魅力があるのです。

「どうせマンガでしょ」と、軽く目を通して読み終えてしまうのはもったいない！　たまにはこうした「文学的なマンガ」を丁寧に読んで、その世界観の細部まで感じてみてはいかがでしょうか。これまでとは違ったマンガの楽しみ方に出合えるかもしれません。

読書のPoint！

●「文学」として、くり返し、丁寧に細部にこだわって読んでみよう。

NO.30

〜自分を変える読書〜

ハンナ・アーレント

訳／大久保和郎

『エルサレムのアイヒマン 〜悪の陳腐さについての報告〜』

（みすず書房刊）

●「自分は法学部だが、「人を裁く」ということをもう一度考えさせられる1冊だったように思う」

（法学部3年）

●「色々な社会問題の根底にある「人間の弱さ」が露呈した作品だと感じた。池上正樹らの『あのとき、大川小学校で何が起きたのか』（青志社）や岡本達明『水俣病の民衆史』（日本評論社）も一緒に読むことをオススメしたい」

（経済学部3年）

「考えるきっかけ」を与えてくれる読書

「考えるきっかけを与えてくれる」というのも、読書の効用のひとつ。**読書は、「問題」を教えてくれたり、答えを考えるきっかけをくれたりもするの**です。だからこそ、『エルサレムのアイヒマン』は東大生にとって特別に感じられるのでしょう。

これは「悪」について考えるきっかけをくれる本です。この本については、「1冊の本を通して色々なことを考えさせられた」と述べる東大生が多くいました。

アウシュビッツでのユダヤ人大量虐殺に加担したアイヒマンの裁判の様子を描く中で、彼は極悪人ではなく、ごく一般的などこにでもいる「自分の立場・役割」に忠実な小心者であったこと、そんな取るに足らない人物であったからこそ自覚なく最悪の犯罪者に成り果てたことを描き、私たちの考える「悪」がいかに「陳腐」なものかを教えてくれます。そんな作品だからこそ、多くの東大生はこの本を読んで**「他人事とは思えない」**という感想を抱きます。**自分も、自分の役割に忠実に動くあまり、「悪」になる日がくるかもしれない**、と思うのです。

「官僚養成学校」と揶揄される東大だからこそ、「言われたことに対して素直に盲目的に従うのが良い」と考えてしまう価値観がある――でもこの本を読むと、それがどれだけ危険なことか気づかされる、というわけです。

そういった背景もあり、この本を「自分に置き換えて考える」という読み方をしてもらえるといいのではないかと思います。**「自分もこうなってしまうかもしれない」**と思って読むのです。「考えるきっかけを与えてくれる本」を、距離をとって読んでしまうのは非常にもったいない。逆に、**「自分がこういう立場だったらどうするだろう?」「こういう人間になりかけていないだろうか?」**と、自分のこととして考えて読んでみるのです。自分が考えていることや価値観などといった**「今までの自分」にメスを入れるつもりで読んでみる。**すると、今までは気づけなかった「発見」があったり、「自分の未熟な部分」が浮き彫りになったりするのです。

こうした**「自分を変える読書体験」に最適なのが、「考えるきっかけを与えてくれる本」**なのです。

「自分事」として読み終わったら、次はほかの出来事にも応用してみるといいでしょう。この本で述べられていることは、さまざまな社会問題の根本原因を表しています。立場や役割を全うするために、何かを犠牲にしてしまう――それは、今も昔も変わらず起こり続けています。だからこそ、違う本を読んだ時や日常生活を送るうえで、この本のことを思い出してみましょう。きっと、これまでとは違った見方ができるはずです。

読書のPoint!

●「自分もこうなってしまうかもしれない」という視点で読んでみよう。

NO.31

平原　卓『読まずに死ねない哲学名著50冊』（フォレスト出版刊）

～東大生はまとめ本が好き!?～

読まずに死ねない哲学名著50冊
人類の叡智を一気に読める唯一の本。
哲学者
平原　卓 著
『ソクラテスの弁明』『君主論』
『人間不平等起源論』
『死に至る病』
『悲劇の誕生』『エロティシズム』
『人間の条件』『存在と無』『悲しき熱帯』……
読まずにぼんやり死んでいくなら、
読んでもがいて生きていきたい!

●「友人に勧められて購入。はじめはバカにしていたが、網羅的で歴史的文脈も書かれているので非常に役に立った」（教養学部2年）

古典的なものの見方・考え方は、知らないと損をする！

「東大に入ってから読んだ本」を聞くと、やはり多かったのは古典的な哲学の名著でした。ソクラテスやプラトンに、パスカルやオルテガ、ニーチェやサルトルなどの、一度は名前を聞いたことのあるような古典的な作品をオススメする人が多かったです。その理由を聞くと、**「古典を読んでおかないと話についていけない」**とのこと。古典は、現代の思想にまで大きな影響を与えている物事の根本にあたる考え方を構成しています。一度読んでいるかどうかで、物事を理解するうえで大きな差異が生まれるものです。

たしかに、歴史の話をしていても、「この時代には背景にこういう哲学の考え方があった」ということを知りながら話しているのか、それともそれを知らないで話しているかは、大きな違いとして度々話題になります。僕が大学に入って、「東大生同士の議論に参加できないな」と感じるのは、いつも決まって古典的な考え方の前提がないと感じた時です。**古典的なものの見方や考え方**

は、**知っておいて損はない**。それどころか、**知らないと損をする**ものなのです。

こうした**「考え方のモト」**を、読書を通じて吸収することができれば理想的。でも、そういう本って、難しいんですよね。東大の授業でも1冊の本を3講義ぐらいに分けて解説したりするくらいなので、一人で読んで完全に理解するのはやっぱり難しい……。

そんな中でオススメなのが、この『読まずに死ねない哲学名著50冊』。さまざまな哲学の名著の、解説と要約が載っています。コンパクトにまとまっているうえに、歴史的な背景・文脈などもセットになっているので、ただその考え方だけを知るのではなく、**「どうしてそういう思想が生まれたのか」**まで知ることができます。

「この本があったおかげで授業や話についていけるようになった」という声を、東大生からもチラホラ聞きました。

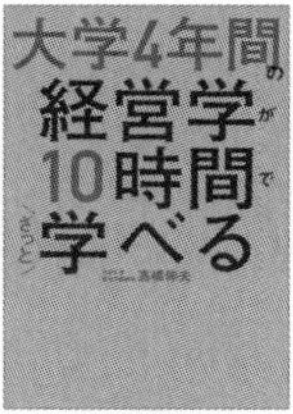

『大学 4 年間の経営学が 10 時間でざっと学べる』
高橋伸夫、KADOKAWA 刊
＊東大経営学の授業を凝縮。

『経済学の名著 50 冊が 1 冊でざっと学べる』
蔭山克秀、KADOKAWA 刊
＊経済学の名著を 1 冊で網羅。

意外かもしれませんが、こういう「まとめ本」って、東大生は結構好きだったりします。僕は経済学部ですが、学部の中には、高橋伸夫『大学4年間の経営学が10時間でざっと学べる』や、蔭山克秀『経済学の名著50冊が1冊でざっと学べる』で知識をざっと吸収する人がいます。別にこうした本を読めば経済学や経営学にとても詳しくなれるとか、テストでいい点が取れるというわけではありません。でも、これらを読んでおけば、本格的な経済学の本を読んだり、授業を受けたりする時に、「下地」がある状態からスタートできます。ゼロから始めると頭に入ってこないことでも、ほんの少しでも知っていれば頭に入りやすい。こうした**1冊でコンパクトにまとまっている本は、次の学習に向**

けた準備として機能するのです。

だからこそ、この本も、軽視せずに読んでみてはいかがでしょうか。この1冊を読んでおくだけで、物事の根本や背景が理解できるようになります。詳しくはこの本に載っている本を読むのが一番なのですが、その**準備の1冊**として、ぜひ目を通してみてください。

読書のPoint!

- 本格的な学習の準備として、「まとめ本」を活用しよう。

NO.32

～東大式のSFの読み方を味わう～

ジョージ・オーウェル

『一九八四年』（早川書房刊）

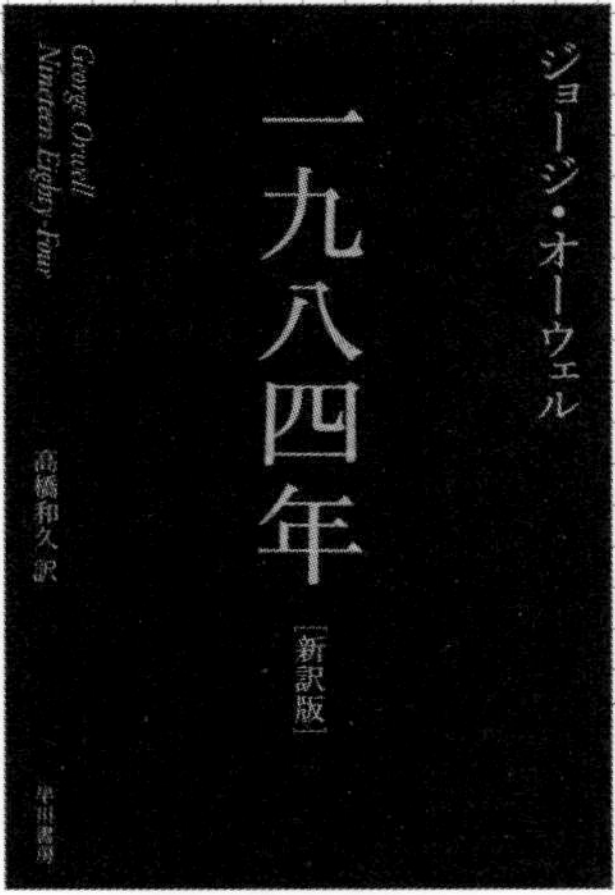
ジョージ・オーウェル
一九八四年
［新訳版］
George Orwell
Nineteen Eighty-Four
高橋和久 訳
早川書房

- 「最高の１冊と言っていいのではないでしょうか」（経済学部４年）
- 「ここに登場する言葉や概念などは、今の自分に大きな影響を与えていると思う」（文学部３年）

SFで想像力を広げる

SFの最高傑作と名高い名著、『一九八四年』。村上春樹の『1Q84』の発想の源泉になっていることでも有名ですね。

「SF研究会」も存在する東大ですが、やはりSF作品の人気は高かったです。伊藤計劃『ハーモニー』やフィリップ・K・ディック『アンドロイドは電気羊の夢を見るか？』など、文系理系問わず多くの東大生がSF作品を推薦していました。その中でも圧倒的に推されていたのがこの『一九八四年』です。

そもそもなぜ、SFが東大生に人気なのかを考えると、これは実は東大の入試問題に答えがあります。

2010年の東大英語の問題では、次のような**「SFは、人間の想像力を広げ、科学に良い影響を与えるものだ」**という文章が出題されています。

『ハーモニー』伊藤計劃、早川書房刊
＊21世紀後半、手厚い福祉社会を舞台にしたSF小説。

『アンドロイドは電気羊の夢を見るか？』フィリップ・K・ディック、早川書房刊
＊長く続いた戦争により廃墟と化した地球を舞台にした物語。

●「SFとは・ifの可能性を描くものでありますが、それでも現実の科学と乖離しているのではなく、むしろ現実の科学に影響を及ぼし、また及ぼされながら描かれる。だから、科学の将来的な発展に対して、人間はどのように対応するのか？　その発展はいいものなのか、悪いものなのか、そうした想像をすることもできる」

このようなことが書かれた文章が問題になったのです。

東大生がこの文章を読んでSFを読むようになった、というわけでもないのかもしれませんが、少なくとも東大はSFを**「想像力を広げる、価値のあるもの」**だと定義していま

す。授業でもＳＦを読んでくることが宿題になることもあり、**東大生はＳＦで科学を知るきっかけを得ている**のです。

そしてＳＦは、時代を超えて読む価値があります。

ＡＩ時代到来が間近に迫り、東大の中で議論のテーマとなることも多くなっていますが、そんな今だからこそ、映画「ターミネーター」はよりおもしろく感じられるようになってきています。また、ＡＩについて議論する時には、先述の『アンドロイドは電気羊の夢を見るか？』が話題になります。完全な空想ではなく、**「こういう可能性もあるかもしれない」**というｉｆの世界の話として、これからもしかしたらこうなるかもしれないという危機感とともに物語を楽しむことができる。だからＳＦはおもしろく感じられるし、東大生は読む価値があると考えている、というわけです。

そう考えた時に、ここでご紹介する『一九八四年』は、勉強になる数多くのSF作品の中でも一番読む価値がある作品だと僕は思います。背筋が凍るほどに**「想像力を広げてくれる」作品**だからです。

科学が進歩して、ディストピアの社会がつくられた.ifの1984年の中で、人間はどのように定義され、狂っていくのか。そしてそのディストピアに戦いを挑んだ主人公が、最終的にどうなってしまうのか――荒唐無稽な話でありながら、この作品には圧倒的なリアリティがあります。政治や国際情勢によってはこんな社会がつくられる可能性も大いにあり得ると感じられてしまうほどの**「得体の知れないリアリティ」**が詰まっていて、そのリアリティが読者の想像の幅を広げてくれるのです。

科学や社会についての想像力を広げてくれるSFならほかにもたくさんありますが、**人間について深く考察し、人間に対する想像力を広げてくれるSF**という点において、『一九八四年』はやはり抜きんでています。

科学や社会の発展の中で、人間はどのように対応するのか。人間の精神はどのように変容していくのか。ifの世界だからこそ描かれる、すごく根本的な

「人間」についての理解が深まるのです。

ＳＦを、ただ架空の世界の話だと思って読んでしまうのはもったいないこと。科学の進歩がめまぐるしい今だからこそ、明日のことがわからない不安な時代だからこそ、**「こうなるかもしれない」**と、想像力を広げてくれるものだと思って読んでみてはいかがでしょうか。きっと新たな発見があるはずです。

読書のPoint!

- 「ｉｆ」の世界を楽しみながら、想像力を広げよう。

NO.33

～「著者」を理解すれば、「読解力」が高まる～

デービッド・アトキンソン

『新・所得倍増論』

（東洋経済新報社刊）

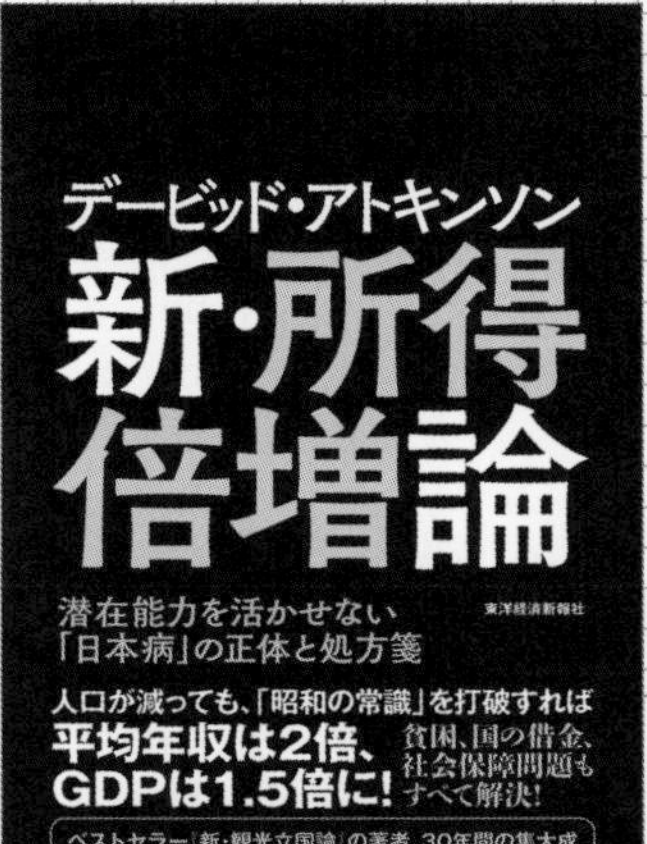
デービッド・アトキンソン
新・所得倍増論
潜在能力を活かせない
「日本病」の正体と処方箋
東洋経済新報社
人口が減っても、「昭和の常識」を打破すれば
平均年収は2倍、
GDPは1.5倍に!
貧困、国の借金、
社会保障問題も
すべて解決!
ベストセラー「新・観光立国論」の著者、30年間の集大成

●「圧倒的に斬新な内容で驚いた」

（文学部3年）

●「著者独自の視点と膨大なデータによる裏付けがほかの本にはなく、おもしろく感じた。『新・観光立国論』もオススメ」

（経済学部3年）

「誰」が書いた本かを元に読み解こう

文章は時に、内容よりも**「誰が書いているのか」**に重点が置かれることがあります。「受ける側」と「指導側」、「消費者」と「生産者」、「被害者」と「加害者」……。立場が違うだけで、同じ言葉でもまったく違う意味として伝わることもあるのです。この『新・所得倍増論』も、「書いている人」を意識するとよりおもしろさを味わえる1冊です。

「熱心に勉強して、就職してからも長時間働いて……それにもかかわらず、日本の生産性は先進国中最下位。1人あたりの製造品生産額はG7の平均以下。どうしてここまで日本は落ちぶれてしまったのか」これを評して「日本病」と皮肉ったのが『新・所得倍増論』なのですが、これを日本人が言っているのだとしたら「客観的な目線を欠いているんじゃないか」と考える人も出てくるかもしれません。しかし、この本の著者は「元金融アナリストのイギリス人」。客観的な意見としてこの本を受容することができるのです。

著者はその立場をフル活用して論を展開していきます。「昭和の常識」を打破すれば日本は復活できる、という自説を客観的で鋭い分析・数値データから補強していく様は、「日本的な考え方にとらわれている我々にはない視点だな」という印象を与えます。

彼と同じように「昭和の常識」に疑問を呈する本は、以前から存在していました。それでもこの本がおもしろいのは、やはり**「言う人」が斬新で、だからこそ切り口が新鮮に感じられる**からではないでしょうか。

年間8万点も新しい本が出版されているのです。「誰にとっても目新しい考え方」なんて、もう残っていないのかもしれません。それでもベストセラーになる本が出現するのは、**著者と切り口が更新され続けている**からだと思います。書く人が新しくなり、新しい視点で文章が書かれる。東大生がこの本を「目新しい考え方ではなかったけど斬新に感じた」と言ったのは、内容ではなく切り口の影響なのでしょう。

デービッド・アトキンソンは、『新・観光立国論』の中でも「日本は観光立国になれるポテンシャルがある国だが、その資源をうまく活用できていない」

『新・観光立国論』デービッド・アトキンソン、東洋経済新報社刊
＊日本を観光大国にする方策を解説。

と、「日本人には言えない切り口」で論を展開しました。「日本人が書いていないこと」を念頭に置き、「日本人的でない考え方」として受容する。その中で見えてくる世界や価値観は、既知のものが含まれていたとしても斬新に映るわけです。

この本を読む時には、そんな「著者の立場」を意識して読んでみましょう。書いてある内容にももちろん気を配りながらも、「誰が言っている意見なのか」を考えてみるのです。文学でも、著者の環境を知るという**「著者理解」**によって作品を深く理解できるようになりますが、簡易的に「著者理解」をやってみるのです。

著者の経歴や思想をある程度理解して本を読んでみる――ぜひ一度、この本で試してみてください。

読書の
Point!

●「著者はどんな人なのか?」を理解したうえで読んでみよう。

NO.34

〜「主題」からストーリーを読む〜

平野耕太『HELLSING』（少年画報社刊）

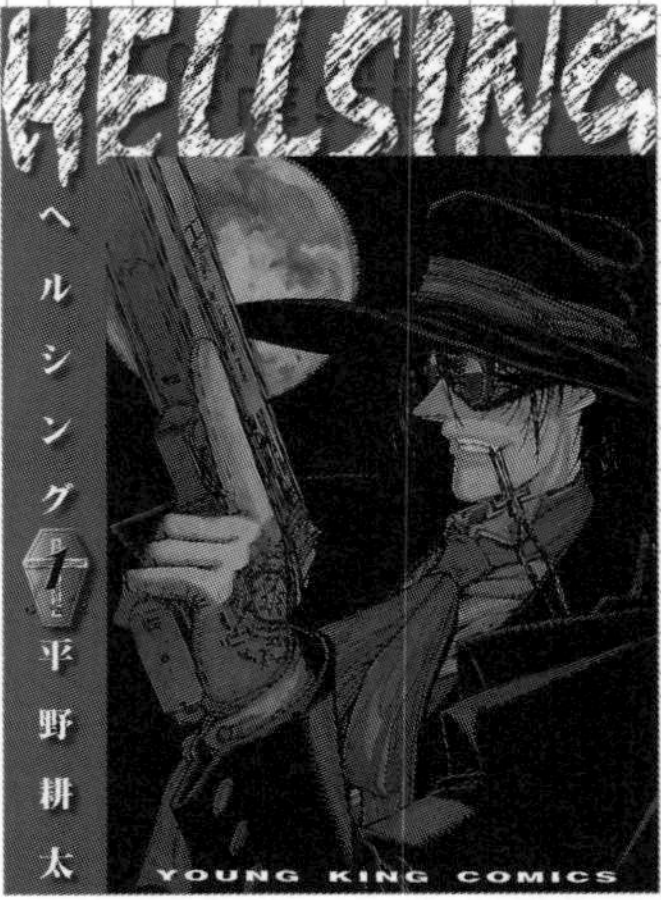

●「名言だらけで本当にアツいマンガ。人間の可能性を信じる心を取り戻させてくれる」（教養学部2年）

●「人間とほかの生き物の違いや、闘争の本質など、本当に学ぶことの多いマンガ」（経済学部3年）

本の「主題」を読み解こう

作品には必ず「主題」があります。ただ、ツラツラと文字が並んでいるだけの本は存在せず、根底には伝えたいことや価値観などが必ず存在する。それは新書でもビジネス書でも、小説でもマンガでも同じことです。新書やビジネス書は「世間一般が考えている価値観」を打破するようなメッセージや文字にして読者に伝えたい考えがあって1冊の本になっていますし、マンガや小説は、物語全体を通して読者に語りかけたい、なんらかの価値観があってひとつの作品になっているのです。たとえば、週刊少年ジャンプの三原則は「友情・努力・勝利」。ほぼすべてのマンガがその原則に沿ってつくられています。湊かなえの作品は「人間の闇」をテーマに鮮やかな人間模様が描かれていますし、池井戸潤の作品は「逆転」が随所に見られます。このように**作品や作者の持つ「主題」は、本全体に大きな影響を及ぼし、おもしろさの源泉になる**のです。

この『HELLSING』というマンガは、その「主題」が美しいまでに通

底している作品です。そして、その主題が明日に希望を与えてくれる——ナチスの生き残りやら第九次十字軍やら最強の吸血鬼やらが跋扈《ばっこ》して、ロンドンが滅茶苦茶になるこのマンガ。尊重されるのは**「人間の素晴らしさ」**。**「人間賛歌」**がこの作品の主題なのです。

このマンガには多くの「最強」が登場します。1万回殺しても死なない無敵の吸血鬼「アーカード」、それを屠《ほふ》る力を持つ最強の神父「アンデルセン」、超獣的な身体能力を誇る人狼「大尉」。しかしそんな最強の誰も彼もが、非力で無力で臆病な人間を、絶対に笑わないのです。そして人間の弱さと強さが浮き彫りになります。本当に無力な人間が最強の存在に抗う。人間の尊厳を賭けて、人間の矜持を持って戦うのです。そしてその姿を指して、「やはり人間は素晴らしい」と主人公が評する。そんな「人間って素晴らしい」が鮮やかに描かれるのが、この作品なのです。

この作品と向き合う時は、そんな**「主題」を意識する**ことをオススメします。**「このエピソードが、この作品の主題にどう関わってくるのだろうか?」**

という目線を持って読んでいくのです。この作品は、主題に対してエピソードにまったく無駄がありません。全10巻で、物語がひとつの主題と終焉に向かって美しく収束していきます。主題と向き合うことで、作品全体としての深みが見えてきて、そのおもしろさがより一層理解できるようになります。

「その作品自体」に興味を持つことはあっても、なかなか「その作品が何を伝えたいのか」をつかむことはありません。しかし、知らず知らずのうちに、その作品の主題に魅せられているということもあります。**「この作品が何を伝えたいのか」**に自覚的になり、それを楽しもうとする読書も必要なのです。

読書のPoint!

- **著者の伝えたい主題「人間賛歌」を念頭に置きながら、ストーリーを読み進めてみよう。**

NO.35

～作品の「裏」にあるものを紐解く楽しさ～

ドストエフスキー

『二重人格』

（岩波書店刊）

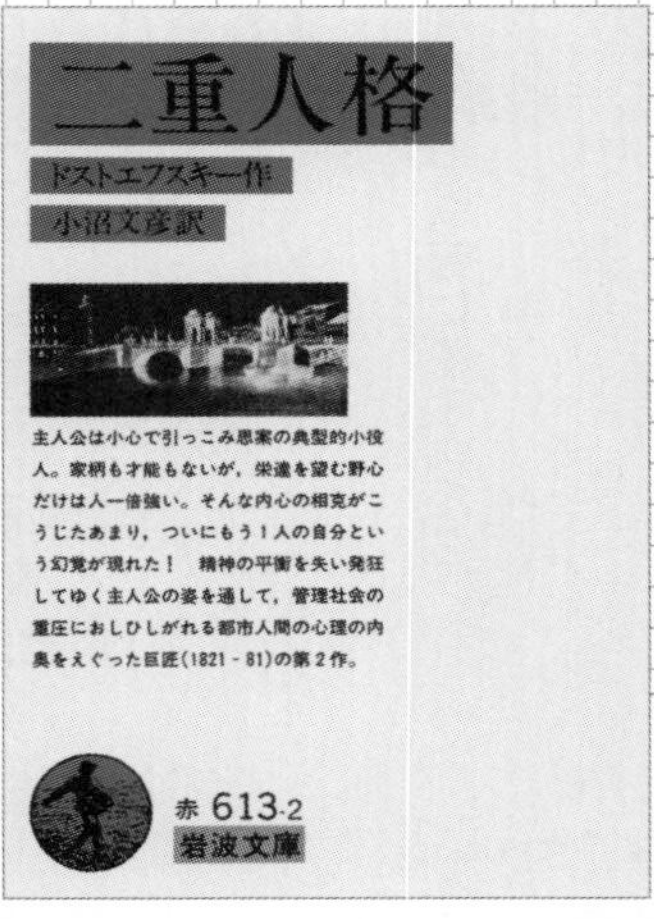
二重人格
ドストエフスキー作
小沼文彦訳
主人公は小心で引っこみ思案の典型的小役人。家柄も才能もないが，栄達を望む野心だけは人一倍強い。そんな内心の相克がこうじたあまり，ついにもう１人の自分という幻覚が現れた！　精神の平衡を失い発狂してゆく主人公の姿を通して，管理社会の重圧におしひしがれる都市人間の心理の内奥をえぐった巨匠(1821－81)の第２作。
赤 613-2
岩波文庫

● 「世界に相手をしてもらえない私たちをこれ以上なくえぐりだした作品だ」（教養学部３年）

● 「ドストエフスキー作品の中で、『罪と罰』以上に好きな本がこれ。心に響くラストが秀逸」（教養学部１年）

東大生は「セカイ系」が好き!?

僕が編集長を務める東大の書評誌「ひろば」の企画で一番反響があったのが、「セカイ系企画」でした。いわゆる「セカイ系」の本をみんなで読んで書評する企画だったのですが、意外とウケが良く、一番東大生から感想をもらえました。

そもそも「セカイ系」というジャンルは、「主人公とヒロインの問題が、なんら日常や社会が描かれないままに、『世界の危機』や『世界の終わり』などの抽象的な大問題に直結する作品」のこと。村上春樹の『世界の終わりとハードボイルド・ワンダーランド』やアニメ『新世紀エヴァンゲリオン』も、「セカイ系」ですね。

で、この作品群がなぜ東大生にウケたのかと言うと、**「倒錯がおもしろいから」**です。この作品の倒錯が、歪さが、魅力的なのです。「自分たちの存在と強大で自分たちのことを相手にしてくれる世界」を描くのが「セカイ系」であり、だからこそそんな妄想世界は明らかにゆがみです。その「セカイ」の向こうにはいつも、それを描かざるを得ない**「世界に相手をしてもらえない私たち」が透けて見える**ことになります。この倒錯が「セカイ系」を「セカイ系」たらしめます。そして倒錯しているが故に現実の自分と重なる部分もあり、また人間のエゴも垣間見える。**妄想世界の話でありながら、人間の本質をよく伝えてくれる**わけです。

そして「セカイ系」作品のひとつとして名前が挙がり、東大生の多くから評価されているのが、ドストエフスキーの『二重人格』です。この作品では多様な人間関係も思想のぶつかり合いもありません。ごく平凡な主人公は生活に不満があるわけでもない。ただ漠然と、「自分はもう少し立派な扱いを受けてもいいのではないか」と思っているのです。そしてその自意識はやがて、「セカイに相手をしてもらえるドッペルゲンガー」として姿を現し、彼の居場所を奪っていく――「世界に相手をしてもらえない私たちをこれ以上なくえぐりだした作品だ」と、ある東大生が評したのですが、やはり根本にあるのは「世界に相手をしてもらえない」という虚無感と、そこからスタートしている「世界にとって必要な存在でありたい」という人間の倒錯だと思います。

ほかのセカイ系の作品についてもそうですが、**「透けて見える向こう側」**を見る時にこそ、人間の本質・倒錯した自意識と「世界に相手をしてもらえない」という虚無感が理解できるようになってきます。

ここまでは作品自体をしっかり読み込むという読み方を紹介してきましたが、ワンランク上の読み方として、**「作品の裏側」を読む**ことも読書のひとつとしてやってみてもいいのではないでしょうか。本書は、まさにそうやって読むのに適した1冊。ぜひ試してみてください。

読書の
Point!

●「セカイ系」の傑作、ドストエフスキーが本作に込めたものを読み解こう。

NO.36

～「既知」と「未知」の往還を体感する1冊～

ユヴァル・ノア・ハラリ

『サピエンス全史』

（河出書房新社刊）

●「理系で世界史未履修ですが、楽しく読めました。歴史学に興味を持てるようになったきっかけの本です」（教養学部1年）

東大入試でも問われる！「知っていること」から「わからないこと」を導く力

東大生が、「知的な読み物としておもしろい」とオススメしてくれたのがこの『サピエンス全史』でした。

はじめに断っておきますが、この本は「学問としておもしろい」というわけではありません。学問から離れて、読み物としておもしろい本です。ジャレド・ダイアモンドの『銃・病原菌・鉄』もそうでしたが、この本は別に「歴史学入門」の本ではありません。生物学や哲学、社会学をも巻き込んで、さまざまな考え方が広く描かれているのです。学問のための本はいくらでもありますが、**「知的に楽しみたい」**という欲望を叶えてくれるという点において、この本の右に出る本はないでしょう。

「サバンナの負け犬だったわれわれサピエンスが今の繁栄を築いたのは妄想力のおかげ」という主題から歴史の多くを語っていく展開は読みごたえがあり、「歴史なんて興味ない」という人でも楽しめる内容になっています。

この本のおもしろいところは、**「既知と未知の往還」**。

読者も知っている知識を使って、新しい知識を提示してくれる。歴史を知っている人ならわかる物事を、新しい視点で考察する。そういう「既知の情報を使って未知の情報を導く」体験をさせてくれるところに、この本の魅力があります。

『銃・病原菌・鉄』ジャレド・ダイアモンド、草思社刊
＊さまざまな知見から人類史の壮大な謎に挑む。

実はこの**「知っている知識を使って未知の情報を導く」というスキルは、東大入試で問われる力**だったりします。

東大のアドミッション・ポリシーには、こうあります。

● 「知識を詰めこむことよりも、持っている知識を関連づけて解を導く能力の高さを重視します」

（東京大学アドミッション・ポリシー）

入試でも実際それを問う問題が出ています。

「既知と未知の往還」の何が良いかというと、**どんなに未知の情報であったとしても、既知の知識で対応できるようになる**こと。『サピエンス全史』では、すべての情報がきちんと「一般的によく知られていること」からスタートして「目新しい未知の情報」が導かれるようになっていますが、どんな物事も、「未知の情報」「未知の問題」を自分の知識にしたり、問題解決したりする際に、「既知の情報」「自分の知識」をうまくつなげて理解していく。そういうスキルがあれば、どんな学問も理解できるようになるわけです。

別のページでも述べましたが、**「誰にとっても目新しい考え方」を教えてくれる本は存在しない**に等しいです。既知の情報から未知の知識へと広げていくその展開を知る読書をすることで、次の読書でも同じように、理解できるところを「とっかかり」にして新しい情報を自分のものにできるようになります。

既知の情報から未知の知識を導く経験を、ぜひ、この『サピエンス全史』で試してみましょう。

読書の
Point!

● 既知と未知の往還を味わいながら本を読もう。

NO.37

～東大教授が勧める「経済のトリセツ」～

ハジュン・チャン

『経済学の95％はただの常識にすぎない』

（東洋経済新報社刊）

ケンブリッジ式 経済学ユーザーズガイド
経済学の95%はただの常識にすぎない
ECONOMICS
The user's guide
ハジュン・チャン 著 / 酒井泰介 訳
Ha-Joon Chang
Taisuke Sakai
世界が注目する大俊英が初心者のために書いた
画期的ガイドブック
東洋経済新報社

● 「網羅的で、それこそ取扱説明書のように読めた」（教養学部2年）

● 「教授の勧めで購入したが、経済学を学ぶうえで忘れてしまいそうな当たり前のことを教えてくれる本だと感じた」（経済学部3年）

本を「実用」してみよう

少し難しそうな名前に反してこの本は、経済学の入門になる1冊です。ほんの少しでも経済学をかじったことがある人が読めば、経済とは何かを伝えてくれる。網羅的に触れる中で、経済学の歴史や実社会への関わりを概観し、「ほら、経済学のほとんどは常識的なことしか言ってないんだよ」ということを教えてくれる、教科書のような役割を果たしてくれます。

東大の授業でも**「この本を読んでおくと授業の理解が深まります」**と教授がオススメしていて、経済学部の学生をはじめ多くの東大生が「良かった」と述べている本になっています。

この本の特徴のひとつは、『サピエンス全史』とはまるで逆。「既知の情報を使って未知の知識を教えてくれる本」だった『サピエンス全史』に対して、**「未知の知識が、実は既知の情報でつくられていることを教えてくれる本」**です。

「経済学」、なんていうと身構えてしまうし、「難しそう」と思ってしまいがちです。それを、「何も難しいことはないよ」「常識的な内容を教えてくれているんだよ」と教えてくれる。難しい概念を簡単なものだと教えてくれる本には、昔から多くの人に支持される良い本が多くあります。内田樹の『寝ながら学べる構造主義』や「東進ブックス」の『はじめからていねいに』シリーズなど、みなさんも「助けられた本」を聞かれたら、こうした本が思い浮かぶのではないでしょうか。

そしてこの本がすごいのは、そういう「難しいものを簡単だと教えてくれる本」でありながら、すごく網羅的であるという点にあります。タイトルになっている「経済学の95％はただの常識にすぎない」というメッセージは1章で述べられており、2章からは「経済学」というものの見方自体に対する偏見を矯正してくれるような内容になっています。既存の「なんだか難しそうなもの」にメスを入れ

『寝ながら学べる構造主義』内田樹、文藝春秋刊
＊構造主義とはいったい何かを噛み砕いて解説した１冊。

て、偏見を取り除いていく。「難しくはない」「科学ではない」「信じすぎてはいけない」と、その正体を明らかにしていってくれる。読者が未知のものを既知にできるように、さまざまな方向から経済学を切ってくれるわけです。

この本は、**経済の「取扱説明書」**だと言われています。東大生もまさにその通りに使っていました。「経済学」という未知の概念を既知のものにし、正しく理解し、正しく利用できるようになるための1冊。網羅的だから経済学のどの分野を勉強をしている時でも復習できるし、活用することができる。**「実用書」**と捉えて差し支えないでしょう。

実用書以外の本を実用することは、多くの人にとってなかなか経験のないことだと思います。僕もそうでした。しかしこの本をうまく活用することを徹底することで、「本を実用する」という訓練ができました。みなさんもぜひ、この本を「実用」してみてください。

読書のPoint!

- 東大教授が勧める経済学の「トリセツ」を、実生活で用いてみよう。

西岡壱誠が薦める「視野が広がる140冊」

『オー!ファーザー!』
伊坂幸太郎
新潮文庫刊

『六人の嘘つきな大学生』
浅倉秋成
KADOKAWA刊

『光の帝国　常野物語』
恩田陸
集英社文庫刊

『陸王』
池井戸潤
集英社文庫刊

『夜のピクニック』
恩田 陸
新潮文庫刊

『ゴールデンスランバー』
伊坂幸太郎
新潮文庫刊

『西の魔女が死んだ』
梨木香歩
新潮文庫刊

『東のエデン』
神山健治
メディアファクトリー刊

『時生』
東野圭吾
講談社文庫刊

『とんび』
重松清
角川文庫刊

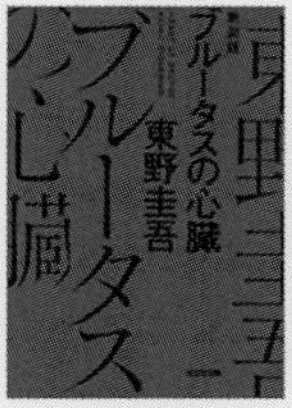

『ブルータスの心臓』
東野圭吾
光文社文庫刊

『護られなかった者たちへ』
中山七里
NHK出版刊

『向日葵の咲かない夏』
道尾秀介
新潮文庫刊

『マチネの終わりに』
平野啓一郎
文春文庫刊

『長い長い殺人』
宮部みゆき
光文社文庫刊

『偉大なる、しゅららぼん』
万城目学
集英社文庫刊

『ブレイブストーリー』
宮部みゆき
角川文庫刊

『夜回り先生』
水谷修
小学館文庫刊

『さよなら妖精』
米澤穂信
創元推理文庫刊

『永遠の出口』
森絵都
集英社文庫刊

『インフェルノ』
ダン・ブラウン
角川文庫刊

『夜は短し歩けよ乙女』
森見登美彦
角川文庫刊

『帰ってきたヒトラー』
ティムール・ヴェルメシュ
河出文庫刊

『キッチン』
吉本ばなな
角川文庫刊

『絶対読むべき日本の民話
遠野物語』 柳田国男
ゴマブックス刊

『堕落論』
坂口安吾
集英社文庫刊

『モンテ・クリスト伯』
アレクサンドル・デュマ
岩波文庫刊

『人間失格』
太宰治
新潮文庫刊

『嵐が丘』
エミリー・ブロンテ
新潮文庫刊

『こころ』
夏目漱石
岩波文庫刊

『ドン・キホーテ』
セルバンテス
岩波文庫刊

『ライ麦畑でつかまえて』
サリンジャー
白水社刊

『アルジャーノンに花束を』
ダニエル・キイス
早川書房刊

『星の王子様』
サン=テグジュペリ
新潮文庫刊

『神曲』
ダンテ
河出文庫刊

『ガリヴァー旅行記』
スウィフト
岩波文庫刊

『モモ』
ミヒャエル・エンデ
岩波少年文庫刊

『カラマーゾフの兄弟』
ドストエフスキー
新潮文庫刊

『老人と海』
ヘミングウェイ
新潮文庫刊

『デカメロン』
ボッカッチョ
河出文庫刊

【SF】

『ジェノサイド』
高野和明
角川文庫刊

『ハーモニー』
伊藤 計劃
ハヤカワ文庫JA刊

『藤子・F・不二雄SF短編集』
藤子・F・不二雄
小学館刊

『天冥の標』
小川一水
早川書房刊

『アンドロイドは電気羊の夢を見るか?』
フィリップ・K・ディック
ハヤカワ文庫SF刊

『新世界より』
貴志祐介
講談社文庫刊

【ライトノベル】

『ヴぁんぷ!』
成田良悟
電撃文庫刊

『デュラララ!!』
成田良悟
電撃文庫刊

『花物語』
西尾維新
講談社刊

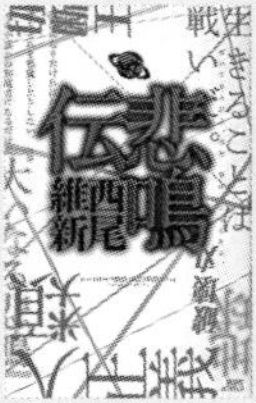

『悲鳴伝』
西尾維新
講談社刊

【マンガ】

『もやしもん』
石川雅之
講談社刊

『インスタントバレット』
赤坂アカ
アスキー・メディアワークス刊

『BEASTARS』
板垣巴留
秋田書店刊

『虐殺器官』
麻生我等、伊藤計劃／ Project Itoh
（原作）　KADOKAWA刊

『3月のライオン』
羽海野チカ
白泉社刊

『鋼の錬金術師』
荒川弘
スクウェア・エニックス刊

『レキアイ　歴史と愛』
亀
星海社刊

『蟲師』
漆原友紀
講談社刊

『凪のお暇』
コナリミサト
秋田書店刊

『角栄に花束を』
大和田秀樹
秋田書店刊

『春の呪い』
小西明日翔
一迅社刊

『沈黙の艦隊』
かわぐちかいじ
講談社刊

『火の鳥』
手塚治虫
講談社刊

『宇宙兄弟』
小山宙哉
講談社刊

『幼女戦記』
東條チカ（漫画）、カルロ・ゼン（原作）、
篠月しのぶ（キャラクター原案）　KADOKAWA刊

『ヨルムンガンド』
高橋慶太郎
小学館刊

『夏目アラタの結婚』
乃木坂太郎
小学館刊

『ミステリと言う勿れ』
田村由美
小学館刊

『マネーの拳』
三田紀房
小学館刊

『薬屋のひとりごと』
日向夏（原作）、倉田三ノ路（作画）、
しのとうこ（キャラクター原案）　小学館刊

『風の谷のナウシカ』
宮崎駿
徳間書店刊

『ファイアパンチ』
藤本タツキ
集英社刊

『機動警察パトレイバー』
ゆうきまさみ
小学館刊

『九条の大罪』
真鍋昌平
小学館刊

『ヴィンランド・サガ』
幸村誠
講談社刊

『あげくの果てのカノン』
米代恭
小学館刊

【経済・ビジネス書】

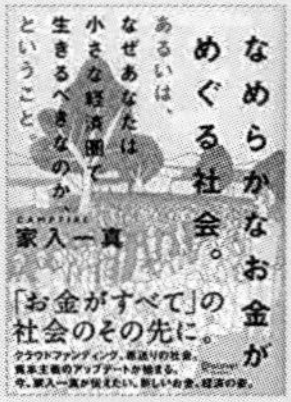

『なめらかなお金がめぐる社会。』
家入一真
ディスカヴァー・トゥエンティワン刊

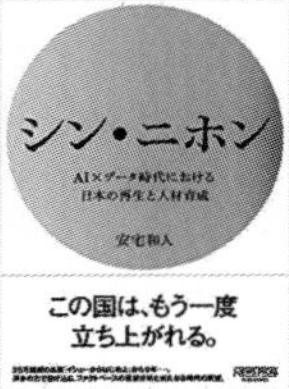

『シン・ニホン』
安宅和人
NewsPicksパブリッシング刊

『マーケターのように生きろ』
井上大輔
東洋経済新報社刊

『仕事で必要な「本当のコミュニケーション能力」はどう身につければいいのか?』
安達裕哉　日本実業出版社刊

『世界一楽しい決算書の読み方』
大手町のランダムウォーカー
KADOKAWA刊

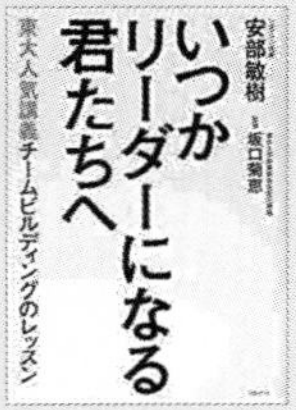

『いつかリーダーになる君たちへ』
安部敏樹
日経BP刊

『地方創生大全』
木下斉
東洋経済新報社刊

『起業の天才!』
大西康之
東洋経済新報社刊

『ファンベースなひとたち』
佐藤尚之、津田匡保
日経BP刊

『持続可能な地域のつくり方』
筧裕介
英治出版刊

『行動経済学まんが　ヘンテコノミクス』
佐藤雅彦、菅俊一、高橋秀明
マガジンハウス刊

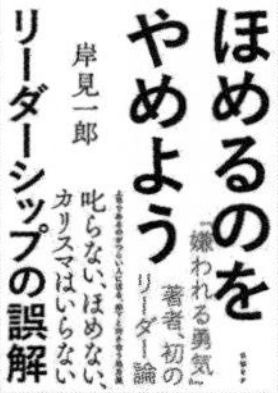

『ほめるのをやめよう』
岸見一郎
日経BP刊

『ミライの授業』
瀧本哲史
講談社刊

『お金のむこうに人がいる』
田内学
ダイヤモンド社刊

『日本につけるクスリ』
竹中平蔵、安部敏樹
ディスカヴァー・トゥエンティワン刊

『おカネの教室』
高井浩章
インプレス刊

『進化思考』
太刀川英輔
英治出版刊

『経営学で考える』
高橋伸夫
有斐閣刊

『人口減少社会のデザイン』
広井良典
東洋経済新報社刊

『会って、話すこと。』
田中泰延
ダイヤモンド社刊

『アフターデジタル』
藤井保文、尾原和啓
日経BP刊

『会計の世界史』
田中靖浩
日本経済新聞出版刊

『ハッタリの流儀』
堀江貴文
NewsPicks Book刊

『武器としての図で考える習慣』
平井孝志
東洋経済新報社刊

『7つの習慣』
スティーブン・R・コヴィー
キングベアー出版刊

『夢を叶えるゾウ』
水野敬也
文響社刊

『insight』
ターシャ・ユーリック
英治出版刊

『経済は地理から学べ!』
宮路秀作
ダイヤモンド社

『新・観光立国論』
デービッド アトキンソン
東洋経済新報社刊

『THINK　CIVILITY』
クリスティーン・ポラス
東洋経済新報社刊

『アリババ　世界最強のスマートビジネス』
ミン・ゾン
文藝春秋刊

『日本人の勝算』
デービッド アトキンソン
東洋経済新報社刊

『FACTFULNESS』
ハンス・ロスリング、オーラ・ロスリング、
アンナ・ロスリング・ロンランド　日経BP刊

『2030年：すべてが「加速」する世界に備えよ』
ピーター・ディアマンディス、スティーブン・
コトラー　NewsPicksパブリッシング刊

【実用書】

『整える習慣』
小林弘幸
日経ビジネス人文庫刊

『不機嫌な長男・長女 無責任な末っ子たち』
五百田 達成
ディスカヴァー・トゥエンティワン刊

『自宅学習の強化書』
葉一
フォレスト出版刊

『一度しかない人生を 「どう生きるか」
がわかる100年カレンダー』
大住力　ディスカヴァー・トゥエンティワン刊

『子育てベスト100』
加藤紀子
ダイヤモンド社刊

【新書】

『人新世の「資本論」』
斎藤幸平
集英社新書刊

『会社を離れても仕事が途切れない
7つのツボ』
伊藤賀一　青春新書刊

『観察力の鍛え方』
佐渡島庸平
SB新書刊

教養として学んでおきたい哲学
岡本裕一朗
マイナビ新書刊

『心の疲れをとる技術』
下園壮太
朝日新書刊

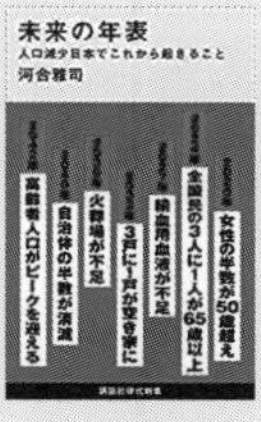

『未来の年表』
河合雅司
講談社現代新書刊

『そして、みんなバカになった』
橋本治
河出新書刊

『珈琲の世界史』
旦部幸博
講談社現代新書刊

『アサーション入門』
平木典子
講談社現代新書

『結婚と家族のこれから』
筒井淳也
光文社新書刊

『地方消滅』
増田寛也
中公新書刊

『安いニッポン』
中藤玲
日経プレミアシリーズ刊

【人文】

『言語科学の世界へ』
東京大学言語情報科学専攻
東京大学出版会刊

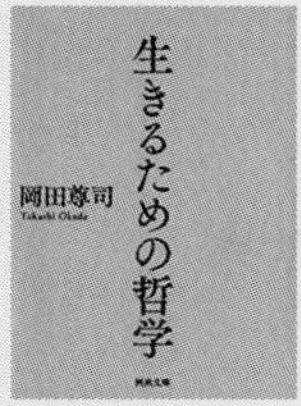

『生きるための哲学』
岡田尊司
河出文庫刊

『現実入門』
穂村弘
光文社文庫

『わけがわかる中学英語』
学研プラス
学研プラス刊

『翻訳できない世界のことば』
エラ・フランシス・サンダース
創元社刊

『思考の整理学』
外山滋比古
ちくま文庫刊

『誰も知らない世界のことわざ』
エラ・フランシス・サンダース
創元社刊

『色のない島へ』
オリヴァー・サックス
早川書房刊

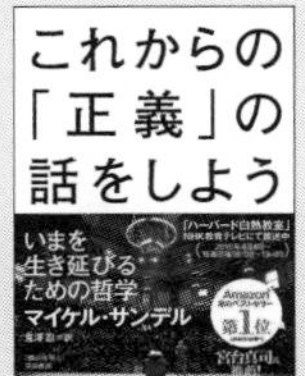

『これからの「正義」の話をしよう』
マイケル・サンデル
早川書房刊

【理工書】

『New Scientist 起源図鑑』
グレアム・ロートン
ディスカヴァー・トゥエンティワン刊

『知ろうとすること。』
早野龍五、糸井重里
新潮文庫刊

『日常にひそむ　うつくしい数学』
冨島佑允
朝日新聞出版刊

『死ぬまでに見ておくべき100の建築』
Casa BRUTUS
マガジンハウス刊

おわりに

「東大生は、どんな本を、どんな風に読んでいるのか」

それを調べるにあたって、僕は今回100人へのアンケートと20人へのインタビューを行いました。その中には理系も文系も、1年生も4年生も、男子も女子も含まれていたのですが、ひとつだけ全員に共通していたところがありました。

それは、**「本を楽しんでいる」**ということです。

あんまり読書はしないと語る東大生にインタビューした時も、おもしろかった1冊を笑顔で語っていましたし、「読書にはちょっと苦手意識がある」という東大生も、読み物としておもしろかった参考書を教えてくれた時は楽しそうでした。

本を読んで、その1冊からさまざまな知識を吸収し、考える力を鍛える。そうやって難しく考えると、なんだか大変で、自分にはできないことのように、頭の良い人――たとえば東大生にしかできないことのように感じられてしまいます。

しかし、実際のところ、東大生は、**「楽しいから」やっているだけ**なのです。さまざまな視点から読むと1冊の本がよりおもしろく感じられますし、より深く入り込んで、議論したり感想を言ったり書評を書いたほうが、楽しい読書ができます。それに、マンガや小説もただのファンタジーとして読むのではなく、現実の世界とつながる部分を見つけたり、自分の知らなかったことを知れるツールとして読んだりすると、爽快感があっておもしろいものです。

「勉強しよう！」と思って本を読んでいるのではありません。自分が楽しめる読書をするために、さまざまな読み方をしていて、そして自然と「読解力」や「思考力」を鍛えているのです。

だから、僕がご紹介した読み方はすべて、東大生にとっては「本を楽しく読むための読み方」でしかないのです。

みなさん、「はじめに」で僕がお伝えしたことを覚えていますか？　東大生が本を読む時に一番大切にしていることは「楽しむこと」だとお話ししましたね。

だから、僕がこの本を読んだみなさんにやってもらいたいことはただひとつ。**この本の読み方をひとつでも実践して、より楽しい読書をしてみましょう。**

「頭を良くしよう！」とか「勉強しよう！」と考えていても、あまり長続きしません。はじめはいいですが、三日坊主になってしまいます。事実、僕もそうでした。

でも、この本で紹介したさまざまな「おもしろい本」と「おもしろい読み方」さえあれば、楽しみながら質のいい読書をすることができるようになると思います。

「楽しむ」というのは、「本に深く入り込むこと」と同じ意味。

没入して、自分の未知のものを知り、知っていることを整理する。その爽快感や意外性が楽しいから、読書は古代から今日に至るまでずっと人間の営みとして存続してきたのだと思います。

どんなにいい本でも、読み手が悪ければいい読書にはなりません。あるいは悪い本でも、読み手が良ければいい読書になります。

Ｐａｒｔ２でご紹介した内田樹『先生はえらい』で語られていたことと同じですね。

そして、**「いい読書」をするために必要なのは、みなさんが「楽しもう」と思うこと。**能動的に、「この１冊の読書体験を実りのあるものにして、楽しい読書をしよう」と考えるからこそ、長続きもするし質のいい読書もできるはずです。

本書『東大生の本棚』は、みなさんにとって楽しい読書になったでしょうか？

みなさんにとって、次の「1冊」が楽しい読書になる助けになれたのなら、
著者冥利に尽きるというものです。
ぜひ、楽しい読書をしてみてください！

2021年10月
西岡壱誠

本書は、２０１８年10月に日本能率協会マネジメントセンターより刊行された『東大生の本棚』を文庫化にあたって加筆修正したものです。

日経ビジネス人文庫

東大生《とうだいせい》の本棚《ほんだな》
「読解力《どっかいりょく》」と「思考力《しこうりょく》」を鍛《きた》える本《ほん》の読《よ》み方《かた》・選《えら》び方《かた》

2021年12月 1 日　第1刷発行
2021年12月20日　第2刷

著者
西岡壱誠
にしおか・いっせい

発行者
白石 賢

発行
日経BP
日本経済新聞出版本部

発売
日経BPマーケティング
〒105-8308 東京都港区虎ノ門4-3-12

ブックデザイン
山之口正和＋沢田幸平（OKIKATA）

本文DTP
朝日メディアインターナショナル

印刷・製本
中央精版印刷

©Issei Nishioka, 2021
Printed in Japan　ISBN978-4-532-24013-4
本書の無断複写・複製（コピー等）は
著作権法上の例外を除き、禁じられています。
購入者以外の第三者による電子データ化および電子書籍化は、
私的使用を含め一切認められておりません。
本書籍に関するお問い合わせ、ご連絡は下記にて承ります。
https://nkbp.jp/booksQA